AF496760

WILLIAM RITTER

L'ART EN SUISSE

EDMOND DE PURY

GAND
TYPOGRAPHIE A. SIFFER

1894

Monruz Neuchâtel (Suisse)
27 Avril 1907
Monsieur,

Votre lettre me trouve par grand hasard en Suisse. Je suis très confus que vous ayez acheté ces travaux de jeunesse et ne m'explique pas du tout comment ils peuvent être encore en vente à Genève. J'avais tout fait retirer du commerce. Il n'y a pas eu d'autre livraisons que ce double. Depuis cette époque mes romans et critiques ont paru au Mercure de France et je n'ai plus essayé de me faire mon propre éditeur. Les Études d'Art étranger que le Mercure a lancées l'été dernier contiennent le plus actuel de mes travaux dont je ne suis pas propriétaire. Un sur Boecklin paraîtra prochainement où seront repris là quelques bas un peu de l'ancien. Du reste je me désintéresse profondément de la Suisse qui me devient de plus en plus étrangère et à laquelle seuls mes chers vieux parents me rattachent encore un peu. Je m'occupe d'art et d'ethnographie slaves, et ai pris Munich comme pied à terre le plus facile pour mes voyages et pour satisfaire tout de même mon appétit de musique.

Voilà ce que vous avez désiré savoir, Monsieur. Si mes livres m'appartenaient je vous les enverrai. Veuillez croire à mon vrai regret de ne disposer à mesure de le faire. — William Ritter

L'ART EN SUISSE

Encyclopédie de l'Art en Suisse, y compris l'art des étrangers en Suisse et celui des Suisses à l'étranger. — Paraîtra à intervalles irréguliers par brochures et volumes indépendants, mais tous du même format, à vendre séparément quoique devant constituer un ensemble complet. — L'œuvre ne restera jamais en suspens, et sera perpétuellement tenu au courant et continué par l'auteur, ses collaborateurs et successeurs. — Les livraisons paraîtront sans ordre chronologique. Le plan général et la table des matières seront statués dans l'introduction.   *William Ritter.*

Paru :

Edmond de Pury.

Pour suivre immédiatement :

Eugène Grasset. — M. Leo-Paul Robert. — Arnold Böcklin. — Frank Buchser. — Gustave Jeanneret. — Auguste Bachelin. — Le panorama des Alpes Suisses (MM. Baud-Bovy, Furet et Burnand). — Hodler — Stauffer Bern. — Marcello (La Duchesse Colonna). — M. Baud-Bovy. — M. Furet. — Courbet en Suisse. — Jules Jacot Guillarmod.

Pour paraître ultérieurement :

Dédicace générale de l'œuvre à mon père. Introduction : historique de la critique d'art en Suisse.
L'art lacustre.
L'art romain, gallo-romain et germanique. L'architecture de bois.
L'art byzantin, roman, romano-gothique et gothique.
La Renaissance en Suisse.
Les danses macabres.
Hans Fries.
Hans Holbein.
Dürer a-t-il séjourné à Bâle?
Les musées de Suisse.
Histoire de la peinture alpestre.
Salons Neuchâtelois de 1886 et 1888.

L'ART EN SUISSE

———

EDMOND DE PURY

WILLIAM RITTER

L'ART EN SUISSE

EDMOND DE PURY

GAND
TYPOGRAPHIE A. SIFFER

1894

A MONSIEUR

LE BARON EDMOND DE PURY

———

CHER MAITRE ET AMI,

'EST à vous-même que je dédie cette étude sur vos œuvres, étude dont vous n'êtes autrement responsable que par l'admiration que vous m'inspirez.

Puissiez-vous avoir à la lire, le plaisir que j'ai eu à l'écrire.

Les convenances usuelles eussent peut-être voulu qu'elle ne fut publiée qu'après votre mort ou la mienne. Mais vous savez combien je me soucie peu des convenances usuelles. Et puis alors, pour la portée que cet opuscule acquierrait par l'une ou l'autre de nos disparitions, il ferait plus de chagrin que de plaisir à celui de nous deux qui survivrait à l'autre, et ce serait payer trop cher une autorité extérieure qu'il nous est à tous deux fort indifférent qu'il comporte, l'unique but que j'ai poursuivi en l'écrivant ayant été notre plaisir à vous et à moi autant qu'une justice à rendre.

5

Néanmoins je dois ajouter que je n'aurais pas eu la bonne fortune de vous rencontrer dans la vie, — rencontre nécessitée peut-être héréditairement déjà par l'immense vénération qu'a toujours portée mon cher père au vôtre, lequel fut l'une des plus nobles, des plus fières, des plus rigides et des plus méritoires figures du vieux Neuchâtel, — que pas une page de cette brochure n'eut été omise et que l'enthousiasme à moi inspiré par vos œuvres n'eut pas dévié d'une ligne.

La meilleure preuve, hélas! vous en sera désagréable; c'est l'épine de la couronne de roses que je cherche à vous tresser. Car, même pour vous plaire je n'ai pas retranché de mon travail, — (oh un travail très doux) — certaines appréciations sur un certain public; ce dont vous me blâmerez sûrement. Aussi ai-je bien soin de mettre à couvert ici votre responsabilité sur toutes mes opinions et intempérances de langage.

Et pour mieux vous garantir, j'ai tenu à publier ces pages ardentes et à vous les dédier sans même vous en demander la permission. Après cela ne vous étonnez point si je vous affirme que, personnellement inconnu de moi, vous eussiez toujours été par vos œuvres, à mes yeux, le Maître dont je suis si fier de me proclamer :

le zélateur passionné,

WILLIAM RITTER

PREMIÈRE PARTIE

I

E vais montrer une étrange chose.

Rien que du jaune, depuis la tendre enfance où il naît dans le vert, — le jaune, — jusqu'en les sombres moires où il meurt dans le brun. Une apothéose du jaune en ses plus triomphantes clameurs, dans la plus claire, la plus harmonieuse des lumières : du soleil nacré... Une prodigieuse intensité de jaune et rien que de doux, de chanteur, — un ensemble infiniment distingué, tranquille, reposant, — une œuvre de radieuse sérénité. Pas trace d'effort, pas une vulgarité de ton dans toute cette opulente gamme jaune... Il y a des héros *solaires*, cela c'est de la *peinture solaire*...

Il s'agit d'un tableau.

On l'a arrêtée au passage : « Reste là, — ainsi, — une minute, fillette d'Italie! » Elle n'a pas demandé pourquoi; elle s'est arrêtée. Complaisante, sans curiosité elle regarde.

C'est à Venise, mais on se croirait dans une

clairière au fond d'un bois plantureux. — Midi. —
Le jardin est clos de hauts murs entre de vieux
édifices .. Mais on ne voit ni ciel, ni murs, ni
palais. Rien que des arbres, du feuillage, des fleurs,
du soleil sur le tout; c'est le fonds. La lumière
seule dit Venise.

De cette irisation où le gris-perle des jeunes
troncs, — le vert tendre des jeunes feuilles, vert-
gris, vert-bleu, vert-jaune, — fondent dans de la
lumière blonde; de cette chatoyance claire et étoffée,
pleinairiste sans bizarrerie, étrange sans brutalité, où
sourient dans l'atmosphère blonde des fleurettes pour-
pres et des fleurettes jaunes, elle se détache, surgie
simplement, toute droite.

Elle passait, on l'a arrêtée; complaisante, sans
curiosité, elle regarde.

Elle s'appelle Elena, elle est de Sotto Marina,
elle n'a pas d'histoire.

Elle est jolie, bien jolie, étrangement jolie. Elle
se tient de face, à contre jour. Autour de sa tête,
en arrière, un immense paillasson, bordure déchirée,
un vieux paillasson démesuré, beaucoup plus large
que sa délicate poitrine de fillette, auréole sa tête
d'un disque jaune épais, empâté, le treillis de paille
presque modelé à force de pâte, d'un jaune aveuglant
plein de soleil... Et de loin dès qu'on entre, dans
tout ce soleil, c'est ce soleil de paille autour de cette
tête de fillette qui illumine tout, qui troue tout...

Cela n'est pas voulu, cherché,... cela s'est trouvé
comme cela... Elle passait, on l'a arrêtée; elle n'a
pas demandé pourquoi... et la voilà!

Il n'a pas de tête, ce chapeau de paille plus
doré que les blés dont il est fait, ce n'est qu'un
bord, une auréole hirsute large de deux mains, pres-

qu'absolument ronde... On dirait une fille-fleur de
Wagner au second acte de *Parsifal*, une mie-tour-
nesol.. Le cœur noir de la feuille jaune, c'est le rond
visage de la fillette bronzée, qui paraît presque sombre,
tant l'auréole paillue, l'auréole treillisée, éclate, chante
à tue tête...

Il n'a pas de tête, ce chapeau de paille; mais
pour fond des traces de doublure, une guenille de
soie rouge orangé, incarnat saumonné, que sais-je;
cela coiffe la chevelure ébouriffée de la gamine —
une envolée de mèches folles, brunes avec des reflets
verts...

Oh! le gracieux minois...; un sourire..., et elle
ne sourit pas. Un beau teint mat de statuette florentine, une peau lisse d'un jaune bronzé, des yeux
bleu-gris très doux, très droits, parallèles à la bouche
droite et mince; des lèvres spirituelles et aimantes,
spirituelles sans ironie, et rouges, rouges; l'air très
doux et très ingénu.

« On en ferait son cœur. »

A peine formée... Son cœur d'enfant à la petite
floramie n'est pas encore éclos..., éclos sous sa mince
taille blanche décolletée, à manches retroussées sur
de gentils bras nus... Il y a du rose dans cette
quelconque loque blanche qui la ceinture. Un tablier
bleu argenté complète son très simple accoutrement.

Presque symétrique sous sa grande auréole jaune...
Ce serait croirait-on un caprice de præraphaëlite
anglais, si ce n'était si naturel, si simplement réaliste.
Un beau jour dans la nature ce fut comme cela,
et l'artiste s'y est triomphalement efforcé. Les bras
de la petite fille tombent avec négligence, mais la
main droite s'allonge sur le manche d'une faucille
recourbée comme un croissant, d'un énorme coupe-
choux gris métallique plaqué sur le tablier...

Elle travaillait au jardin... Dans le soleil, elle a
passé éblouissante..., on l'a arrêtée et la voilà!
Et c'est là sa muse à Edmond de Pury.

—

II

U il est né, où il a étudié, ses débuts, ses travaux, ses succès, ses voyages..., pour le moment en quoi cela importe-t-il? On le sait jeune, beau, élégant, aimable, gentilhomme, adroit aux exercices physiques, à l'escrime tireur de première force, fringant comme un cheval de race, parfait héros d'Octave Feuillet..., peut-être de d'Aurevilly, tant mieux pour ceux qui l'aiment!

Le raconter? — On ne raconte que les morts, et grâce à Dieu il est bel et bien vivant. Il a couru pas mal le monde, mais habite généralement Venise, et s'y cantonne de plus en plus.

On a de lui une galerie de portraits qui sont des merveilles, des sites et des scènes de Capri qui en sont d'autres; mais à Venise la maturité de son talent est éclose. Wagner a écrit *Parsifal* à Palerme, Naples et Venise. A Naples Edmond de Pury a rencontré et peint le dieu de la musique moderne; mais à Venise le bon Dieu a fait Edmond de Pury ce

qu'il est aujourd'hui, et c'est comme si Dieu avait
fait Venise pour lui.

Car Edmond de Pury c'est toute la Venise
moderne.

III

H! pas du tout la Venise historique de Wagrez ou de Villegas, la Venise des canaux sombrement moirés dans l'étreinte noire des palais colossaux, ou nacrés comme des perles au soleil; pas du tout la Venise des gondoles noires à flottantes draperies, des basiliques byzantines d'or éteint et de mosaïques, des blanches églises Renaissance aux campaniles roses; tout cela n'apparaît sur les toiles de M. de Pury que dans les lointains, noyé comme dans un rêve. Mais la Venise inconnue des touristes, la Venise intime et profonde des mirages, des vastes horizons, des banlieues de lagune..., avec son peuple de beaux garçons bronzés demi nus et de jolies filles aux oripeaux bariolés, cette Venise enfin qui se livre à ceux-là seuls qui se vouent à elle à tout jamais. Encore moins la Venise de l'école vénitienne d'autrefois, mais une Venise et une peinture vénitienne qui diffèrent de la Venise classique et de la peinture de Paul Véronèse, comme la fillette au paillasson jaune de tout à l'heure de la Danaé du Titien... Encore une fois les étrangers l'ignorent cette Venise rare, cette Venise qui est plutôt une atmosphère, une ambiance, qu'un monceau de palais et d'œuvres d'art ; or, avant Edmond de Pury, nul ne l'avait jamais ainsi comprise et racontée.

Il est vrai que pour cela, Edmond de Pury avait à son service une qualité essentielle : la force droite et indulgente qui sait tout comprendre, tout pardonner, qui saisit le mobile de toutes les ondoyances, de toutes les faiblesses, de toutes les défaillances... Et cela amène ce corollaire paradoxal en apparence, mais très logique : il est par excellence le peintre de l'eau dormante et de ses reflets sous les ciels chauffés à blanc. Il en sait tous les chatoyements, tous les mirages, toutes les expressions. L'onde pour lui n'a plus de trahisons, elle n'est plus perfide, non plus que la femme dont elle est l'image et dont l'art d'Edmond de Pury devait simultanément s'éprendre. L'eau changeante et mobile comme la femme, et la femme, être tout de reflets et de passion, il les a conquises et moulées dans son œuvre, en mâle qui a la souveraine intelligence de toutes les grâces et de toutes les faiblesses. Aussi Venise, la nonchalante irrésistible, la toute belle d'entre les belles, la plus femme et la plus aquatique d'entre les cités, l'unique au monde et la plus orientale selon les rêves qu'un artiste peut se créer de l'Orient, devait à jamais retenir Edmond de Pury, et le fiancer à elle, comme ses doges se fiançaient à la mer.

Voulez-vous un peu rôder... ou voguer à travers cette œuvre et cette Venise qui ne font qu'un ? *Dolce far niente*, dit le peintre. C'est là-bas, très loin dans les lagunes argentées, entre ciel et mer ; tout vibre, tout papillonne, l'atmosphère et l'eau, mousselines argentées. Et pourtant c'est lourd de chaleur et de

lumière, cette immensité pleine d'émanations blanches ;
le sirocco a changé ce coin de golfe en étuve ; la
mer plate, laiteuse, ardoisée, fuit jusqu'à un lointain
rivage : des monuments gris, plus hauts que l'horizon,
comme submergés dans le ciel. Quelques-uns de ces
gros pieux d'amarre pourris, gris-verdâtre, tête goudronnée et tout imprégnés de sel, et qui ressemblent
à de grosses asperges, marquent une sorte de chenal
dans la lagune vaseuse. Dans un coin du tableau
gît, énorme, à demi traîné sur un atterrissement
sablonneux, un lourd bachot, jadis goudronné, grandeur naturelle ; une « *nature morte* absolument
« remarquable, très à son plan dans la lumière, et
« cela sans que sa solidité y perde rien, chose plus
« difficile qu'on ne pense ». (1) En effet c'est un
miracle de facture ces quelques planches goudronnées
et coordonnées à la diable, toutes maculées d'oxyda-
tions marines. Approchez-vous en, mettez le nez
dessus et voyez comme c'est rendu. Toute la barque
semble ouateuse ; la couleur floconne ; il y a du bleu
dans le gouvernail à éperon rouillé. Des choses de
bois semblent taillées dans de la pelure d'orange :
une rame gisante et son *tolet* denché. Un filet aux
provisions pend à l'ombre. Etalé tout du long dans
l'esquif sur une loque bleue et mauve, un gosse rieur,
tête dans son coude, nez en l'air béant au soleil,
un chiffon de casquette verte à visière d'étoffe rabattue
sur un œil, de son minois finaud et cligné gogue-
narde le grand air. Ses deux pieds nus, tout jaune
bronzé, sont croisés l'un sur l'autre et modelés de
reflets gris-vert. Une chemise blanc lilacé, au cou
du rouge, un mauvais pantalon de hasard, et voilà

---

(1) Citation de la phrase la plus élogieuse d'un article de la
Gazette de Lausanne, quant au reste d'un parti pris d'injustice
inqualifiable. Voir le premier post-criptum à cette étude.

malgré toutes ces couleurs disparates enlevées sur fond
gris-perle, une combien harmonieuse symphonie.

Sous la barque, dans la mer qui commence,
court une large ombre indigo.

IV

NCORE dans les mêmes tons gris, dans l'argent, la nacre fluide, on ne sait comment il faut qualifier ce surnaturel æther de Venise.

Encore un ciel de sirocco. Tout en gris, mais il faudrait savoir les nuancer tous ces gris différents ; à peine un peu de rose dans la brume lumineuse. Encore la lagune vaseuse et grise et trois pieux d'amarre. Au loin, très loin, deux brunes voiles chioggiotes ; encore plus loin, toujours grises et vaporeuses, les îles monumentales. A peine à droite un reflet blond. Au hasard — en dérive s'il y avait courant — un bateau gris noir, des nasses de paille au fond, une rame en travers, l'autre pendante. Quelque part un léger filet encerclé d'un cerceau de baguettes grises. A l'arrière, à l'extrême bord, assis, un adorable petit pêcheur, frêle garçonnet, élégant comme ils le sont tous ces enfants que l'exercice de l'unique rame des gondoles asveltit et assouplit, délicatement maigre dans un maillot un peu trop large de laine rose déteint, bras nus, cou nu, manches

retroussées, dos voûté. Un pantalon de toile bleue
usée, un feutre brun violâtre et la chemise de laine,
c'est tout son accoutrement. Sous la barque les reflets
verts et gris de l'eau trouble et sale, le reflet rose
et gris du jeune homme en son attitude courbée, à
demi détourné, bras droit ployé en arrière sur le
genou droit, bras gauche franc, appuyé raide au
rebord de la barque. Un fin profil aussi distingué,
aussi androgyne que son jeune corps maigre, marqué
simplement dans le gris de quelques rehauts jaunes
ou bruns,... bruns à peine... Tout cela n'a l'air de
rien, et l'on n'a pas idée de la séduction qui émane
de ce tableau, c'est à la fois crâne et velouté, vigou-
reux sans brutalité, élégant sans mièvrerie, infiniment
original de composition et toujours comme saisi au
vol par un hasard heureux...

Certes nous sommes assez blasés sur toute espèce
de peinture; notre vie a, selon notre désir d'enfant,
roulé d'Orient en Occident, du Nord au Sud à travers
les tableaux, les musées et les expositions, eh bien !
les œuvres de ce Vénitien d'aujourd'hui ont pour moi
ce charme de certains regards que la langue roumaine
appelle le « viens à moi », de ces regards dont
Maurice Maeterlinck a si bien dit les mystérieuses
expressions, de ces regards qui font songer à des
princesses prisonnières en des tours d'ivoire, ou a
du linge blanc étendu sur des prairies vertes...

V

EPENDANT M. Edmond de Pury n'a pas toujours peint à Venise.

Si haut que remontent mes souvenirs de flâneries devant de la peinture, je me rappelle de lui des pêcheurs méridionaux, des mers et des ciels de cobalt transparent, des rochers de cristal argenté... C'était toutes les deux années à l'exposition de Neuchâtel de nouvelles variations, à gorge déployée, sur les mêmes thèmes de bravoure italiens, à savoir quelque nu ou semi-nu mélodieux qui vibrait au soleil sur des harmonies maritimes en radieuses fanfares, avec la triomphale splendeur d'une saine jeunesse bronzée, suant la joie de vivre forte et mâle dans l'ambiante allégresse bleue.

Mais encore avant l'Italie et avant mon conventionnel âge de raison, il y eut, paraît-il, les femmes arabes envoilées de blanc à l'ombre des murs décrépits et des cactus épineux; il y a eu la sorte de bizarre canephore levantine trop haute en couleurs du Musée du Locle; il y eut cette tête d'Algérienne qui obtint une médaille à une exposition d'Alger et qui appar-

tient à M. Philippe Godet. Puis décidément ce fut
l'Italie qui accapara tout à fait le peintre, l'arrachant
à l'Orient qui l'allait saisir, ce victorieux de la couleur
fait pour toutes les outrances et que la mer assujettit
à toutes les délicatesses.

En voulez-vous un en pleine mer de ces beaux
garçons napolitains, nous le choisirons à peu près
vêtu ! Mais surtout surprenez sur le fait, en train
d'orchestrer sa symphonie cette fois en bleu majeur,
ce miraculeux peintre qui sait si bien toutes les
sorcelleries de l'eau, de l'air et des reflets, les secrets
de toutes les diaphanéités, — cet amoureux de la
mer italienne qui semble né dans l'antre de la belle
Mélusine ou dans cette grotte d'azur de Capri, qui
lui a inspiré le premier tableau où il s'affirme un
maître, ce tableau tout bleu, où sur un fond de
rochers reflétant le bleu méditerranéen s'enlève une
barque de petits pêcheurs demi nus, ce tableau devenu
la propriété de M. Bovet de Valentigney, le docte
wagnerien, qui n'a jamais consenti a laisser exposer
nulle part son double trésor : le portrait inédit de
Wagner, et le tableau bleu...

En fait de bleu donc, voyez ceci :

Plein ciel d'azur, pleine mer d'azur, bleu foncé
en haut, bleu encore plus foncé en bas, l'un et
l'autre aussi transparents mais diversement, transparence fluide et transparence liquide. D'un bleu
aveuglant cette mer à peine clapotante. Une barque
vogue, vient à vous... elle va jaillir hors du cadre;
des reflets vert et outre-mer se perdent dans les
profondeurs, sous son ombre. Elle est si bleue cette
Méditerranée, si bleue, que le ciel d'un bleu absolu
paraît comme un peu gris de chaleur. La barque
est noire et rouge, goudronnée et peinte; l'extrême
bord, blanc; le tout avec des reflets bleus. Des cor-
dages jaunes, — des nasses d'osier rousses, deux en

raccourci, une en profil, deux autres jetées au fond
entremêlées de perches, — des bancs roses, emplissent
la grosse chaloupe, une lourde coquille de noix
pansue. Au milieu, attelé crânement à ses rames
ramenées contre lui, un fort et souple jeune homme
presque renversé en arrière, genoux et mollets nus, un
large pied ferme appuyé contre un des bancs roses. Son
pantalon bleu retroussé sur ses cuisses a des reflets
verts, sa chemise est aussi bleue, d'un bleu très clair.

Sous son grand paillasson jaune, il cligne des
yeux, ébloui par la pleine mer..., le modelé de ses
genoux orangés, brique, d'un relief incomparable dans
cette formidable étude de bleus. Les reflets mouve-
mentés, coupés par l'arête de la proue indiquent à
merveille la rapidité de cette navigation à force de rames
et à tour de bras. La pointe rouge du bateau zèbre
de vermillon les verts mêlés au bleu des reflets dans
l'eau où luisent aussi quelques lueurs jaunes et grises
tombées des nasses. A l'horizon très loin, là où le
bleu du ciel et le bleu de la mer se confondent en
une ligne pourprée, les bleus semblent presque roses.

Que c'est bien là le type des derniers tableaux
capriotes d'Edmond de Pury, schema d'outre-mer et
d'argent tranché net et accroché dans ma mémoire
comme le bouclier aux crues couleurs héraldiques
d'un *chevalier de la Marjolaine* dans le vestibule
d'un *grand château, la tanvire, la tanvire!* Pourquoi
le taire? En plein sabbat de toutes les douces folles
images qui tourbillonnent dans ma tête, *la tour prend
garde* où gitent mes chimères, — certaines initiales
visions d'œuvres d'Edmond de Pury sont démeurées
à jamais mosaïquées au nombre des très rares réalités,
qui imposèrent la compagnie de leur victorieuse présence
à mes rêves; et dans les longs corridors noirs de
leur forteresse hantée où ils se claquemurent de peur
de se laisser abattre, mes rêves, sans jamais se lasser,

les contemplent ces images de la vie réelle, plus
vraies que la vie, puisqu'ils l'unissent au rêve. Je
compte parmi ces pêcheurs italiens certains des nus les
plus beaux, les plus sainement réalistes de notre époque.

Mais afin d'obtenir ce résultat, le vaillant peintre
a accumulé une telle somme de travail, une telle
quantité de prestigieuses études, véritables exercices
de vélocité artistique, que bien peu y croiraient de
ceux qui aujourd'hui admirent tant sa virtuosité
et sa maîtrise, avec l'enfantine conviction pourtant
si accréditée dans certain public, qu'on naît ainsi, sans
avoir désormais plus d'efforts à accomplir pour con-
quérir cette lumière et ce coloris.

De ce qu'il a travaillé ce peintre, du chemin
qu'il a parcouru, — pour en juger, il faut, après avoir
regardé par exemple le pêcheur poussant une barque
du Musée de Bâle, (la ville de Suisse la plus intelligente en beaux arts), revoir les académies pourtant
si estimables déjà des débuts, à la sortie des ateliers
parisiens. Malgré les très beaux paysages gris distingué, avant que la mode fut encore aux gris, d'une
grandeur si simple et d'une si âpre sauvagerie, malgré
les ciels bleus, les mers vertes et les rocs blancs, où
elles se tordent tragiques, ou se jouent heureuses, il
leur manque le grand air. *Cain*, *Abel*, les premiers
pêcheurs de Capri, au Musée de Neuchâtel, et les
études pour tout cela, qui gisent tristement aban-
données dans l'atelier de Neuchâtel, atelier désert et
clôs devenu une sorte de retire-tout, pied à terre,
animé par la présence de l'artiste tout au plus cinq
ou six jours par année, ces *juvenilia* éloquents et
pathétiques resteront encore plus pour marquer le
point de départ d'une personnalité artistique aussi
intense vers un magnifique épanouissement, que pour
des mérites dont je ferai la part dans le prochain
volume sur les Musées de Suisse.

VI

E renvoie de même à mes articles Edmond de Pury des deux salons neuchatelois de 1886 et 1888, prochainement réédités, parce que ces salons datent dans l'histoire de l'art à Neuchâtel, et parce que mes articles sont des points de repaire dans les suivantes étapes de mon admiration pour l'artiste que l'exposition de Lausanne de 1891, répétée aussitôt après à Londres où on l'accueillit avec beaucoup de faveur, devait pleinement me révéler. Je m'en souviens comme si c'était hier. Peu d'expositions particulières en Suisse eurent jamais autant de succès. Et en la transportant au pays de Gainsborough, de Lawrence, de Turner, de Whistler, de Burne Jones et aussi de ces Præraphaélites dont M. de Pury se rapproche parfois inconsciemment, le maître une fois de plus ne manquait pas de crânerie, et la confiance en soi-même qu'il fallait à un artiste suisse pour oser cela, prouvait assez de caractère! Seul ce grand original de Buchser avait créé, et l'on sait avec quel succès, de pareils précédents en Angleterre, en Amérique et à Vienne.

Il est vrai que jamais encore Edmond de Pury,
le prodigieux artiste selon la nature de son talent,
de plus en plus vénitien au lieu que neuchatelois,
ne s'était élevé aussi haut, n'avait présenté au public
un pareil bouquet de toiles éblouissantes, une telle
magistrale série d'œuvres de longue haleine.

Et puis combien peu de nos artistes eussent été
en mesure d'abattre une somme de travail si *considérable* en aussi peu d'années, soit une vingtaine de
toiles contenant presque autant de personnages en
pied et grandeur nature, une douzaine de portraits
tous plus distingués, tous plus enveloppés les uns
que les autres, et ne perdant rien au voisinage redou-
table des scènes vénitiennes, toutes colorées et lumi-
neuses à en éblouir. Oh! le débordant enthousiasme
de mes articles d'alors! Et si justifié!

Oui, vraiment, ce fut cette rutilante exposition
de Lausanne... une féerie! Le grand Buchser mort,
et Böcklin devenu de plus en plus la propriété presque
exclusive des grands seigneurs et des grands musées
allemands, je croyais fermement qu'Edmond de Pury
était seul capable en Suisse de nous convier à un
tel festival du dessin et de la couleur. Je voyais là
pour la première fois la presque totalité des œuvres
élaborées en deux ou trois ans, par cet acharné tra-
vailleur qui ne chôme jamais que le dimanche.

Elaborées... est-ce bien le mot? Il y avait là des
œuvres d'une telle virtuosité, d'une telle fringance de
pinceau, d'une telle joie de couleurs heurtées et pourtant harmonieuses, qu'on les eut dites soufflées par
enchantement..., de la magie, quoi! Les mirages de
la cité, éternelle Sarah la Baigneuse d'entre les cités,
les plus nacrés, les plus soyeux, les plus veloutés,
les plus inexprimables de nuances rares, semblaient
accourus eux-mêmes à je ne sais quel carme incan-
tatoire du peintre, se fixer sur la toile... Toutes les

chatoyances des étoffes rares d'Orient et d'Extrême-
Orient, toute la joaillerie des dogaresses de l'ancienne
république de Venise étaient là, amalgamées sur les
guenilles de gamins et gamines des lagunes. Les
portraits, toujours très aristocratiques de facture, très
distingués de composition, c'était le tribut accordé par
l'artiste au patriciat des grandes villes suisses; le
reste, c'était l'hymne d'admiration le plus éclatant
qu'ait chanté à la gloire de la beauté populaire méridionale, un artiste épris de toutes les élégances physiques en la race la plus affinée qui soit sur notre
terre vermoulue.

Impossible de détailler ce merveilleux ensemble
d'œuvres fraîches et vivantes, pleines d'air, de soleil
et d'espace, pour lesquelles toutes les réalités les plus
enchanteresses de la vie populaire méridionale furent
étudiées avec amour, choisies avec une exquise aristocratie de goût, peintes avec une vivacité, une con-
science et une facilité prestigieuses. La peinture
d'Edmond de Pury non seulement alors déjà vivait,
souriait, ondoyait, miroitait et vibrait, mais il commençait à s'en dégager souvent une hautaine poésie,
quelque chose d'encore indéfinissable... quelque chose
comme de la charité d'un genre inaccoutumé, d'un
sentiment à la Saint-François d'Assise artiste, une
charité qui eût consisté à démontrer la beauté des
va-nu-pieds, et à vêtir des loqueteux, grâce à toutes
les magies d'une atmosphère nacrée, argentée ou azurée,
comme jamais ne le fut Salomon dans toute sa gloire!

Cette atmosphère de rêve de Venise... une fois
de plus et cette fois plus que jamais, nous pouvions
nous en extasier! C'était tout un poème, à elle consacré entier, qui la chantait et l'incantait avec les
accents les plus divers, elle et ses secrets de transparence, de fluidité vibratile, engendreurs de mirages
et de miraculeuses transfigurations. Ce qu'il a fallu

d'années, de longues études et de pénétration, de luttes
continuelles et de tous les jours aux prises avec le
problème presque insurmontable de cet æther impalpable qui semble n'être rien et qui est tout, pour en
arriver aux victorieux résultats de M. de Pury! Les
tableaux, eux, ne racontent pas plus tout cela que
les pierres précieuses les mystères de leur cristallo-
graphie et de leur lente formation chimique dans les
entrailles de la terre et les géotes énigmatiques.

Et il fallut bien le constater : avec M. Edmond
de Pury c'était, qui renaissait, une nouvelle école
vénitienne, mais une école vénitienne qui semblait
s'attacher à prouver que les gueux d'aujourd'hui, au
quai des Esclavons et au Lido sont plus richement
vêtus que les seigneurs de Paul Veronèse et de Titien..,
en tous cas, que le soleil et l'atmosphère d'aujourd'hui
y sont plus dorés et argentés que jamais; la mer plus
nitide et transparente, plus azurée ou plus gris-perle
qu'aucun autre adorateur de Venise, depuis Canaletto
jusqu'à Ziem, Clara Montalba, Brabazon, Halton et
Mainella ne les a chantés.

Et c'était précisément ce qui frappait. — Après
toutes les autres Venise, dorées et bleues, de tous les
grands artistes, aussi bien en littérature qu'en peinture, depuis Byron, il y a si longtemps, jusqu'au
prince de Valori il y a deux ou trois ans, — la Venise
grise de M. de Pury apparaissait comme une décou-
verte, sinon comme une révélation. Le doux et délicat
Bocion, le subtil poète du Leman avait essayé de
s'attaquer à cette atmosphère irréelle de blancheur,
à ces brumes qui semblent de la lumière diffuse, où
les îles et les barques flottent dans les mirages comme
d'autres mirages... mais il en avait rapporté « du
plâtre et non point cette impalpable poudre de riz
ou d'iris », qui vibre lumineuse et perlée dans les
fonds de M. de Pury; cet enveloppement éthéré des

objets par les répercussions renvoyées à l'infini, du
ciel à la mer, de la mer au ciel, d'un horizon à
l'horizon opposé....; tous ces gris indéfinissables, plus
éblouissants que les pires azurs de Capri, que nous
montrait en opposition l'artiste.

Sur le fond suave et enchanteur, comme la soie
de couleur illusion des contes d'autrefois, de ces
horizons, où mer et ciel se confondaient dans la nacre
fluide, — ou bien contre les murailles que le soleil
change en rugueux crépissage de pierreries, s'enlevaient
des figures merveilleuses, aux attitudes de statuettes,
aux grâces à la fois naïves et torturantes, aux loques
incandescentes, — non pas des pétards, des explosions
de couleurs sur couleurs comme chez ce géant de
l'impressionnisme que fut Buchser, ce Delacroix suisse,
mais des brasiers, des bouquets de tons flamme,
charbon-ardent, métaux en fusion, combinés avec une
entente harmonieuse qui ravissait et ravira toujours,
par l'aristocratie indéfinissable apportée à symphoniser
les chatoyances les plus disparates. Edmond de Pury
qui est, on le sait, avec Lenbach et Egusquiza, le
seul peintre devant qui Wagner aux dernières années
de sa vie ait consenti à poser, avait alors déjà des
formules wagnériennes, une *instrumentation colorée*
wagnérienne, à lui spéciale parmi tous les autres
artistes...

A ceux qui trouveront exagérée cette extraordinaire
épithète, combien je regrette de ne plus pouvoir répondre
d'aller voir à Lausanne; jamais, en effet, M. de Pury
n'avait encore exposé, à Neuchâtel, ou ailleurs un tel
ensemble de grands tableaux, aussi chaudement colorés ;
aucun autre de nos peintres, jamais, ne s'était approché
de cette perfection qui est de plus en plus l'originalité
saisissante du métier de M. de Pury et qui consiste à
savoir pousser jusqu'aux dernières limites du rendu sa
peinture, sans lui enlever le moins du monde de sa

fraîcheur primesautière. Aussi faut-il le placer immédiatement auprès de Böcklin, de Buchser et de Paul Robert; ils forment à eux quatre, le tetragramme artiste le plus divers, le plus individuel dont puisse s'honorer la Suisse contemporaine, les seuls, je l'ai dit déjà plusieurs fois, que nous puissions opposer comme importance et originalité à n'importe quel étranger.

Des portraits, Venise et Capri, ont été, sont, et demeureront toujours les trois champs d'activité de M. de Pury; mais ces dernières années, il a fait rendre à la plus enchanteresse des villes et à la plus enchanteresse des îles tout ce qu'on en pouvait tirer de plus intense et de plus coloré. En voilà des tableaux qui ont, eux ! les quatre qualités que je m'en vais prônant de par le monde : la force, la finesse, la lumière et la couleur; les quatre grandes qualités presque contradictoires qu'on rencontre si rarement unies. Le dessin, je n'en parle pas, c'est la grammaire.

On n'en sera jamais las, tant qu'elles seront étudiées et rendues par un maître comme Edmond de Pury, des mers bleues, des pêcheurs bleus et blancs, aux jambes et aux bras nus bronzés, des bachots noirs et rouges remplis de nasses, des *eaux* de Capri enfin, comme on dit en argot de littoral. Et plus on les voit plus on les veut revoir, quand bien même elles sont dans toutes les mémoires et dans toutes les rétines.

Déjà il n'était pas possible d'être plus séduisant que ne l'étaient ces scènes de Capri et néanmoins les scènes de la vie populaire vénitienne, le sont peut-être davantage.

Il faut le répéter encore, tant cela aussi est à la gloire de notre peintre : je ne sais à l'heure actuelle après Goethe, Ruskin, Browning, Sand, Musset, Paul de Saint Victor, personne que M. Charles Yriarte, le le prince de Valori et M. Edmond de Pury, qui aiment Venise d'une sorte si intelligente. Charles Yriarte a érigé à la reine de l'Adriatique momifiée dans sa châsse de palais, de coupoles et de campaniles, gigantesque orfèvrerie de pierre et d'airain, le plus bel ex-voto : quelques livres définitifs qui contiennent tous ses titres de gloire historiques et artistiques. Le prince de Valori raconte Venise en grand seigneur cosmopolite; hôte de Don Carlos le royal exilé, chroniqueur du High-life de l'Almanach de Gotha, il aime Venise « Vétusté Vénusté » comme dit le superfin et quintessencié comte Robert de Montesquiou Fezensac, comme le seul cadre digne des fêtes qu'y donne le Roy à tout le *livre d'or* et aux nobles étrangers de Vienne et d'Orient.

> Venise, la Venus des villes!
> Venise, la Venus des iles!
> Ici venez, isolez-vous,
> Toi, qui de ton amour t'exiles,
> Et toi que les voitures viles
> Eclaboussent, Pape des fous!
>
> Vous trouverez des palais mornes
> Pour loger couronnes et cornes,
> Amoureux et rois détrônés;
> Et dont la vaillante lézarde,
> Où le ciel d'azur se hasarde,
> Aura de quoi vous rire au nez.
>
> . . . .
> Vieillesse de ville hagarde
> Qui dans le canal se regarde
> Saura vous bafouer deux fois.
>
> . . . .
> Venez mirer vos jaunes ris
> Dans le rire encore plus jaune
> Que le coucher du soleil aune
> Sur le couchant de ce débris.
>
> Monarques denués de trônes
> Amants sans cœur, abbés sans prônes,
> Voici le décor qui vous sied :
> La ville incertaine et flottante
> Qui deux fois par jour haletante
> Prend et perd la tête et le pied.

Pour ce qui est de M. Edmond de Pury lui, il
adore Venise surtout en son peuple, en ses pêcheurs,
ses gondoliers, ses délicieux gamins et gamines. Le
prince de Valori prétend comme nous Venise aussi
orientale que l'Orient; en tous cas, l'être humain y est
aussi beau, le haillon aussi pittoresque, et c'est ce qu'a
irréfutablement démontré une première fois toute l'exposition lausannoise de M. de Pury.

VII

ES trois ou quatre tableaux célébrés au commencement de cette étude faisaient partie de
cette radieuse exposition de Lausanne. Mais je
voudrais m'efforcer de décrire encore une ou deux de
ces ravissantes toiles, seulement décrire.... je ne suis
plus à l'âge heureux de mes premiers salons neuchatelois
où je critiquais en toute confiance ne doutant de rien.
Helas! depuis longtemps déjà les expressions : « Ceci
me plaît, cela ne me plaît pas », ont remplacé sous
ma plume le « ceci est beau, cela est laid » d'autrefois.
La critique n'existe pas plus que l'absolu *ici-bas*. On
n'a jamais eu, on n'a et on n'aura jamais que des
impressions et de flottantes classifications et traditions.

A peine entrait-on à Lausanne, par un sombre
et neigeux jour d'hiver, dans cette salle de la Grenette
qui semblait emmagasiner tout le soleil d'Italie, qu'un
morceau unique tirait l'œil et trouait les murs : c'était,
comme Britannicus dans le théâtre de Racine, auquel
cependant l'œuvre de M. de Pury ne ressemble guère,
sauf peut-être par la finesse de certains portraits de

femme, la pièce des connaisseurs, celle à laquelle accouraient aussitôt les gens du métier; ils ne voyaient que cela ; le reste semblait ne plus exister pour eux à côté de ce tour de force d'une audace, d'une difficulté et d'une simplicité ! Pour moi cela me séduisait par son étrangeté, par cet *inexprimable* qui n'est pas le style, — *au singulier* cette blague d'école partout ailleurs qu'en peinture décorative, — qui n'est pas ce vague hiératisme, cet inconscient praeraphaélisme dont témoignaient certaines autres œuvres de M. de Pury... Essayer de donner quelque idée de ce puissant morceau, peut-être dégagera les causes de cette inexplicable impression.

La ligne d'horizon très haut, touche presque la baguette supérieure du cadre empli par la mer et le ciel. Ciel épais, rosé, violacé. Mer opaque, vert-laiteux; c'est la lagune; effleurement de vase à droite, une simple ligne jaunâtre. Au fond, à gauche, vogue lointaine une île vénitienne, une flottille de maisons vagues, une coupole, une tour, grises avec un peu de jaune à la surface ensoleillée. Sur la mer encore, deux barques à voiles jaunes, les unes déployées à tire d'ailes, les autres élancées en un long trait glissant, patinant presque au ras de l'eau opalisée. Plus bas en arc de cercle autour de l'émergement vaseux, trois de ces spéciales minuscules périssoires, socles nautiques pour un seul homme à peine, trois esquifs de *pêcheurs de passerini*, (ces sortes de petites soles plates et minces comme feuilles de papier, blanches au recto, noires au verso, qui vivent dans la boue marine), les hommes couchés sur le ventre dans le sens de la largeur du bateau, sondant de leurs bras et de leurs mains la vase au fond de la mer peu profonde. Plus près encore de ces barques, les individus penchés à l'eau plus distincts, jeunes gens aux loques bleues et brique, chapeaux-paillassons jaunes et verts. — Ainsi préparé par une succession d'ébauches toujours plus précises, voici à l'avant-plan le morceau principal,

34

ce morceau sur lequel s'hypnotisaient tous les artistes qui visitaient l'atelier de **M.** de Pury. Au bord de la toile, une grosse barque sombre et ardoisée penche de côté sous le poids d'un vieux pêcheur affalé en travers, torse nu, brun et modelé dans le brun avec une maestria incomparable ; ses deux bras fouillent l'eau verte, sa tête relevée autant qu'on peut est ombrée de vert noir par un vieux feutre orangé-vert, qui semble un gluant détritus maritime. Dans cette ombre deux petits yeux pers à demi-clignés vous fixent ardemment ; quelques touches de vermillon percent d'une bouche flétrie les rides moqueuses d'un menton hirsute, une face tannée et recuite par le soleil et les embruns. La barque est remplie par ce vieux corps replié, chemise blanc-rose-bleu rabattue sur la ceinture, pantalon de toile bleue usée, les deux pieds nus orangés joints ensemble, le tout compliqué, bizarre et nullement disgracieux, morceau de bravoure d'une poésie puissante comme un motif de Yann Nibor, que, par fantaisie, aurait musclé et coloré Leconte de Lisle... Jamais on n'a mis tant d'harmonie dans le déséquilibre, tant de plasticité dans un sujet qui paraît en manquer : un homme couché au large d'un bachot et le faisant presque vaciller. Jamais encore morceau d'un relief et d'un coloris si puissant n'a ainsi flotté dans le rêve liquide et fluide, entre deux infinis... Et ne serait-ce pas là le secret de sa séduction à ce tour de force, son imprévu? L'harmonieuse et inattendue résolution d'une dissonance, comme celles rares, troublantes jusqu'au spasme que se permet si souvent Grieg dans sa musique,.. mais ici une dissonance de lignes et de vigueur dans une pamoison d'exquisités nuancées... un bolide humain projeté hors de sa nébuleuse dans l'impondérable lumineux et nacré.

Et peut-être est-ce la récompense d'avoir tant admiré cela, mais en 1893 lorsque je rentrai à Venise

avec Marcel et le prince Bojidar Karageorgevitch, le
train une fois sur la grande jetée autrichienne, ce fut ce
tableau d'Edmond de Pury qui me souhaita la bienvenue
sur la lagune grise au large de Mestre... A quelques
encablures du viaduc le pêcheur de *passerini* était là tel
quel, comme si Venise elle-même avait tenu à me prouver
une fois de plus que le peintre qui la célèbre si bien,
son peintre, n'exagère jamais, que tout simplement il
est à la hauteur de la réalité.

VIII

CI devait logiquement se placer l'interprétation de l'adorée fillette, l'immense auréole d'un chapeau de paille déchiré autour de sa tête, debout en contre-jour sur un gai fond de feuillage, de troncs d'arbres et de fleurs ensoleillés, tour de force à la Regnault, avec là précisément une tendance à la symétrie et à l'étrangeté régulière des Præraphaélites anglais... Mais il a plu à mon caprice, puisqu'aussi bien c'est l'une de trois ou quatre œuvres en lesquelles l'art d'Edmond de Pury culmine, d'en faire l'ouverture de cette embryonnaire esquisse de l'œuvre du Maître, — car nous espérons un jour faire mieux, — esquisse qui jamais ne rendra le quart de l'étourdissante fantaisie et de la verve charmeuse de ce pinceau, de cette palette, de ce dessin et de cette couleur, de cette force et de cette grâce qui met Edmond de Pury de pair avec les premiers de n'importe quelle école. Ni plus ni moins !

Eh bien ! cette petite Elena de Sotto Marina, à Neuchatel a-t-elle été assez peu comprise en 1890

(voir l'article de M. Ph. Godet qui est le plus élogieux
de tous); à Lausanne le public l'a mieux sentie, mais
la critique l'a traitée de coup de sang méridional.
En revanche demandez à Londres et à Munich ce
qu'on en a pensé? Ceux qui l'ont vue là, en parlent
encore et ne l'oublieront jamais.

Par peur de lui être infidèle avec trop de lyrisme,
je ne m'arrête pas devant la marchande de fleurs, ni
devant *Gemella detta Girasole*... Cependant je n'ai
pas retrouvé dans ces ravissantes filles le charme
vicieux des figures de 1888, charme vicieux dont on
m'a tant reproché de parler... Je me demande si la
perversité était alors en moi... Dans ce cas serait-ce
l'Orient qui m'a assagi?... Etrange cela!

Je ne m'arrête pas non plus devant les sites de lagunes grises en plein soleil, que M. de Pury exprime avec
une habileté si fantastique; tout à cette exposition
de Lausanne enivrait, montait à la tête et rendait
fou; en présence de cette douzaine de sujets vénitiens,
on avait peur de parler en amoureux, de trop dire
et de passer pour un écervelé ou pour un jeune homme
de mœurs légères. Cependant je voudrais m'extasier
encore sur le morceau, que le chroniqueur de la
Gazette de Lausanne en un article d'un bout à l'autre
insoutenable de perfides réticences avait jadis comique-
ment traité de paradoxal.

Deux enfants pataugent sur le rivage vaseux,
pêchant des coquillages et chassant devant eux sur
le sable quelques gros crabes. Les deux gosses reçoivent
le soleil levant en plein dans la face, derrière eux
la nuit s'enfuit à l'Occident en lourde brume violâtre.
Tous leurs vêtements déguenillés sont métamorphosés
en délirantes, en caméléones soieries pour lesquels il
faudrait repêcher dans les Goncourt tout le vocabu-
laire ponceau, zinzolin, nacarat, aurore et céladon
du dix-huitième siècle. Derrière eux d'autres groupes

d'enfants clabaudent à l'eau avec une vivacité d'attitudes
et de couleurs qui éclipse entièrement les prestes silhouettes d'Aerni, le peintre suisse établi à Rome, qui
passe pour posséder le suprême chic à animer de
telles hâtives et grouillantes figurines.

IX

OMME Pierre Loti, qui n'admet pas de milieu en ses relations sociales, et veut être l'hôte ou bien de la princesse Karageorgevitch, de la princesse Alice de Monaco, de la reine de Roumanie, — ou bien de son frère Yves et du faquin Samuel de Salonique, M. de Pury ne s'est jamais consacré qu'aux portraits les plus mondains possibles, sinon aux moricaudes d'Algérie et aux va-nu-pieds d'Italie, et cela avec une verve de coloris endiablée et chantante, comme le violon de Sarasate et le piano de Teresa Carreno... Lors de l'exposition de Lausanne il n'y avait qu'une voix pour s'exclamer : « On sort de là avec du soleil dans les yeux. »

Mais voici le purgatoire! Le peintre possède aujourd'hui une telle infaillible mæstria que, peints par lui, le plus banal portrait masculin, les plus simples étoffes anglaises, le drap noir d'un habit sont tout pénétrés de cette enveloppe fluidique qui reste sa toute particulière préexcellence. M. de Pury ne recule devant aucune des brutalités du vrai, mais nul mieux

que lui n'a su saisir les éléments lumineux et aériens
en lesquels elles nagent, ces éléments atomiques impalpables que les trop grossiers matérialistes n'aperçoivent
jamais.

C'est surtout sur cette question d'ambiance lumineuse qu'il faut insister en ces pages; car l'heureuse
résolution de cette suprême difficulté en des tableaux
qui tous sont non seulement des tours de force, des
trouvailles, mais des idées, c'est là une telle indéniable originalité, une telle maîtresse qualité qu'elle
n'aurait pas besoin d'être surajoutée à toutes les
autres de dessin, de couleur et de composition, pour
faire de M. de Pury l'un des rares artistes complets
de notre pléiade suisse.

Les portraits n'est-ce pas, sauf pour la personne
peinte, ses parents et ses amis, sont des exercices
de virtuosité qui n'ont d'intérêt que s'ils reproduisent
des physionomies caractéristiques d'une époque, s'ils
sont pour le siècle prochain des documents physiologiques et historiques. Or nul mieux que M. de
Pury n'a présenté aux mondaines de la Suisse romande
miroir plus amoureux et aux *Messieurs* de Neuchâtel,
Berne, Lausanne et Genève le même miroir, mais
devenu soudain impartial, fidèle traducteur en art,
de corps quelconques comme leur vêtement, en lesquels *traluit,* comme on dit du raisin en Valais,
des âmes encore plus quelconques. M. Léo Bachelin
a dit tout ce qu'il y avait à penser au sujet de
beaucoup de ces messieurs... Faut-il citer?

Les portraits exposés à Lausanne je les ai décrits
sur mon carnet de notes, chacun minutieusement :
mais publier cela, non. Ce serait en général aussi
peu flatteur pour les portraiturés que flatteur pour
le peintre. De tout mon enchantement je fais exception pour les jeunes filles en général à commencer par
Mesdemoiselles Valloton, Esther de Muralt et Inès

Micheli, dont je me déclare amoureux d'après portrait, et
surtout pour Madame de Pury, dont je baise dévote-
ment la main, — la belle main artiste, — sur une
toile qui elle aussi est l'un des points culminants
de l'œuvre de son mari. Fin et spirituel visage de
rose épanouie tout en malicieuse bonté, robe de
velours violet, géranium rose au corsage, petites mules
dorées, le tout sur un fond de gobelins... Qu'on
s'arrête et qu'on salue, — il est passé là un souffle
de Velasquez et il y éclate un brio de meilleur aloi
que celui de Carolus Duran.

Madame de Pury! Bien l'idéal d'une femme
d'artiste, et artiste elle-même combien!

Tandis que lui rayonne à travers les lagunes,
elle se cantonne dans Venise et nous retrace ses
canaux où tantôt méditent les profondes eaux sombres
pleines des tragiques reflets de maussades et orgueil-
leuses sculptures, tantôt miroite le désert ensoleille-
ment du plein midi sous la torpeur des gondoles
funèbres où sieste le beau gondolier, tandis que brûle
le ciel nacré; et alors il y a dans le doux zézaie-
ment de l'eau qui roucoule rythmée par la gaieté
de l'air, une danse de reflets absolument suggestive.
L'œuvre de Mme de Pury, exposée à Lausane, com-
plétait très gracieusement celle de son mari quand
c'eut été un très grand honneur de ne pas détonner
à côté de tant de lumière et de tant de couleur.

X

CI une première pause et un premier résumé.
Cette étude a déjà assez duré et pourtant je
n'en suis qu'à moitié chemin... Mais la con-
cupiscence de décrire m'entraîne...

M. Edmond de Pury est dès ici en pleine
maturité et en pleine efflorescence de son talent; il
nous réserve encore bien des surprises, et je prévois
qu'avant peu, il faudra compléter ces notes et celles
qui suivent par de nouveaux chapitres. Après Venise,
il y a la Dalmatie, le Montenegro, où l'on appelle
à grands cris le maître venitien et où sa vision de
la nature et sa manière seraient sans doute complètement renouvelées. Et puis la nostalgie des hivers au
soleil, l'entraînera probablement en Egypte, et là
encore ce sera une nouvelle transformation. Edmond
de Pury, mêlé à la vie populaire musulmane, nous
représenterait la jonction d'un art et de modèles bien
faits pour s'aimer et se comprendre, et pour renouveler complètement l'orientalisme en peinture...

Mais il faut auparavant laisser le Maître dire

— et il va nous le dire — son dernier mot sur
Venise, l'incomparable Venise qu'il aime si bellement;
encore quelques œuvres comme le *dolce far niente*,
le *pêcheur de passerini*, les *enfileuses de perles*, *Elena*,
le *Printemps*, la *marchande d'oignons*, le *pêcheur
poussant une barque*, et il aura réellement tiré de
la si populaire moderne Venise tout ce qu'elle peut
offrir de plus séduisant.

Croyez-vous? Eh bien nous allons voir. Jusqu'à
présent, voici à quoi nous en sommes :

A Capri, M. de Pury a écrémé de la même
façon qu'à Venise les plus jolis motifs et les plus
neufs. Ainsi son œuvre jusqu'ici contient le plus beau
site de la Méditerrannée, le plus beau de l'Adriatique,
par conséquent le meilleur de l'Italie maritime. Il
contient en outre et surtout les plus parfaits exem-
plaires de la beauté humaine en Italie, le greco-
latin de Naples, et le slavo-latin de Venise. Or ce
n'est pas rien, de résumer autant que possible en
une œuvre toute la vie populaire d'un littoral tel que
celui de l'Italie. Enfin M. Edmond de Pury s'élève
de plus en plus du réalisme à l'idéalisme sans pour
cela jamais perdre la parfaite notion de la réalité et
cette évolution déjà fort sensible va tout à l'heure
s'accentuer encore; il touche déjà au moment où à
force de regarder, mais de regarder avec les yeux de
l'intelligence, ouverts aussi bien que ceux du corps,
*on arrive à extraire de la réalité tout l'idéalisme
qu'elle renferme*, ce qui est l'une des deux formules
de la synarchie artistique, l'autre étant : *parer les
idées de toute la splendeur palpable des formes*.

Mais constatez! Pour arriver à si bien rendre
les adorables jeunes échantillons humains de Capri et
de Venise, M. Edmond de Pury a dû trimer ses
hivers sur des portraits dont beaucoup de modèles
sont loin d'avoir le moindre rapport avec l'idéal et

44

la beauté... Seulement quelle école..! Après des hivers
d'assujettissement à l'inviolable discipline du portrait
et que le Maître ne renouvellera plus, l'été venu en
Italie, il est absolument maître de lui et fait ce qu'il
veut. Il ensemence et fume ses terres l'hiver pour
recolter en été.

Cette cinquantaine de portraits exécutés un peu
partout en Suisse, eussent mérité de longues notices,
elles eussent été trop biographiques tant le pinceau
a été fidèle; mais cette portion de l'œuvre de M. de
Pury qui me plairait dans un siècle, me laisse froid
aujourd'hui; et je ne consentirais à en parler qu'en
la décrivant sans ménager les modèles. Pourquoi?
Nous les connaissons trop bien, n'est-ce pas, ces
modèles. Ils sont en Suisse comme partout, et nous
savons assez à quelles âmes vulgaires, sauf quelques radieuses et très rares exceptions qui confir-
ment la règle, quelques de Chambrier, Boissier,
Bovet etc... et Wagner naturellement, ces corps
bourgeois et leur défroque moderne servent de bocal.
Et puis il faudrait la patience de Flaubert, le style
minutieux de Bouvard et Pécuchet, pour les satires
dignes de ces précieux documents sur notre époque...
Les quelques jeunes femmes élégantes et les exquises fillettes qui échappent à la généralité de cette
mention méprisante n'éprouveraient peut-être pas
grand plaisir à être exaltées de façon à faire anti-
thèse à la plupart des hommes de la même galerie.
Je ne sais! La tâche serait délicate. Mais répétons
une dernière fois, et cela sauvegarde les parfaites
justesse et justice du peintre, que souvent il arrive
dans ses portraits d'hommes à des prodiges de ressemblance et de combinaisons harmonieuses de couleurs sans nul détriment de la sévère psychologie
que mériteraient ces guenilles de corps modelés par
des sentiments et une vie, guenilles entre toutes les

vies et tous les sentiments. Car il n'y a, *esthéti-quement parlant*, rien de plus odieux que l'absence du bien si ce n'est l'absence du mal !

Et je tiens à répéter pour qu'on ne voie plus en ces lignes l'expression d'une haine, que ce sentiment sur les hommes d'aujourd'huy ne s'applique pas rien qu'aux modèles suisses de M. de Pury, ni même à tous ces modèles suisses, mais au gros de la foule actuelle en tous pays qui se croient très cultivés et très civilisés.

En revanche quelle apothéose, cette œuvre, de l'heureux peuple de Venise, ce peuple d'exquise décadence latine encore affiné par l'intrusion de l'élément slovène et dalmate ! Ce sont celles-là qu'il faudrait une à une magnifier, ces jolies fillettes débraillées qui proclament de tout leur être la splendeur de Dieu, la joie de vivre au grand soleil, et au grand air, dans le marbre et les chefs d'œuvre ! Il faudrait — comme on s'agenouille d'admiration devant telle statuette de Pompéï, devant tel bronze florentin — s'extasier d'enchantement devant tous ces gamins deminus plus frais et radieux que des fleurs, plus colorés en leurs haillons poétiques incendiés de soleil que les pages moyen-âgeux. Et de ces gamins et de ces gamines il en est éclos on sait quelle ribambelle de la palette de M. de Pury, tous plus vrais, plus gracieux, plus aimables les uns que les autres. Heureux le peintre qui sauve ainsi de la mort, tant de formes charnelles éphémères, pourtant créées à l'image de Dieu, et dont nul, sans lui, ne saurait plus rien après la grande agape des vers aux jours de la décomposition !

Heureux le peintre qui toute sa vie et de tout son être demeure fidèle au *devoir de beauté* !

XI

E devoir de beauté ! »

— Il n'y a pas eu un seul jour où M. Edmond de Pury ne se soit efforcé de le remplir. Nous avons dit la splendeur de son coloris, nous avons dit sa maîtrise aux choses du dessin. De toute son œuvre semble partir une strophe du cantique célèbre de Josephin Péladan.

... « Oh ! chair calomniée, chair admirable et triste, étroite compagnonne de notre cœur dolent, dolente comme lui, plus que lui pitoyable, ô toi qui pourriras...

« Si tu n'es que d'un jour, si tu n'es que d'une heure, glorieux est ce jour, féconde cette heure. Rien ne nous vient du ciel que tu ne truches pas. »

Nul n'a montré à la foule mieux que M. de Pury et dans une lumière plus insolente pour les timorés, les beaux corps naïfs, ostensoirs de belles âmes pures, les vieux corps las sanctifiés par le travail et la souffrance ; l'artiste leur a donné pour autel Venise le monumental trésor, pour église le

plein ciel et la pleine mer, pour lustre le grand soleil
italien, pour encens le plein-air salin des lagunes.

Mais il ne s'est pas contenté de cela. C'est ici
qu'après une période de tâtonnements un peu indé-
cise, un peu stationnaire au point de vue de l'in-
spiration, mais particulièrement intéressante au point
de vue de la rénovation de son métier, de la recherche
du mieux, du continuel effort et de la continuelle
étude devant la nature, le Maître se renouvelle sans
changer de sujet, mais en les renouvellant avec lui.

C'est ce qu'il nous reste à démontrer.

SECONDE PARTIE

ES ailes blanches palpitent, des ailes de mouettes;
des voiles s'en vont le matin toutes blanches
les unes, d'autres écornées d'hyacinthe.

Des ailes blanches palpitent, des ailes d'albatros;
des voiles reviennent le matin, celles-ci brunes et celles-là blanches.

C'est le cœur de Venise qui bat à gros flocons,
c'est la pulsation du cœur de Venise lancée à travers
l'Adriatique, et propagée de flot bleu en flot bleu,
par dessus les outremers profonds jusqu'aux falaises
liburniennes et aux écueils dalmates.

Il en est toujours à l'horizon, à tous les horizons, de ces voiles ailées, de ces ailes de toile, bala-
frées de cadmium et de roux qui d'entre Venise et
Chioggia, d'entre Chioggia et Venise s'en vont écumer
l'Adriatique.

Des ailes roses palpitent, des ailes de flamants,
des voiles reviennent le soir orangées et purpurines.

Des ailes roses palpitent, des ailes d'ibis, des
voiles reviennent le soir purpurines et orangées.

C'est le cœur de Venise qui bat, au crépuscule,
d'amour et de volupté, c'est la pulsation du cœur de
Venise contenu dans la lagune, mais qui aimante
toute l'Adriatique et rappelle à lui les voiles et les

souvenirs; et de flot pourpré en flot pourpré, par dessus les profondeurs indigo des récifs istriens et des canaux dalmates, l'incantation mystérieuse agit, des ailes roses palpitent dans le crépuscule ambré, des voiles reviennent rouges d'amour dormir dans le sein mol de la lagune parfumée, dans les bras de Venise chargée de basiliques.

Et après la lente barcarolle sous les étoiles et sur les reflets des étoiles, à la prime aube, le cœur de Venise se réveille, s'épand de nouveau à travers la vaste lagune et bat de nouveau très fort devers l'immensité rebleuie. Les orfèvreries de pierre, comme le soir tête dans la lumière rose, baignent dans leurs insaisissables reflets multinuancés. Dans le multiple nid d'alcyon des ailes et des ailes palpitent, s'entr'-ouvrent, battent et tout à coup prennent leur essor...

Et de nouveau sur la lagune laiteuse, sur le canal argenté, des ailes blanches passent, des voiles s'en vont écornées d'hyacinthe, des voiles blanches reviennent saisies par la nuit avant que d'avoir pu rentrer au port qui lèche les pieds des immuables campaniles de pierre et balance les ventres goudronnés des lourdes barques.

Et la grande barcarolle éternellement monotone, éternellement variée, chaque matin recommence en majeur, chaque soir en mineur Et ni jour ni nuit le cœur de Venise ne cesse de battre et d'épandre à travers les flots ses larges pulsations harmonieuses.

Des ailes s'en vont, des voiles reviennent.

Des voiles s'en vont, des ailes reviennent et palpitent, flocons blancs dans la lumière rose, flocons roses dans la lumière dorée.

I

ET envol d'entre les deux bras, largement étendus de Torcello à Sotto Marina, de la reine byzantine Venise, submergée toute casquée, toute diadémée, cerclée au cou et aux épaules et aux poignets, partout, de lourdes joailleries archaïques; cet envol de Venise des barques aux voiles multicolores essorant vers la pleine mer, des voiles multicolores toutes sœurs et toutes différentes que M. de Pury a elles-mêmes peintes tant de fois, d'une bizarrerie presque héraldique si elle n'était point tant grecque et orientale; cette en-allade de papillons rouges et or vers les butins maritimes, me fait souvent penser à la dispersion et au nombre toujours croissant des tableaux du Maître qui eux aussi essorent de la ville d'amour vers les quatre points cardinaux, à travers le vaste, vaste monde, et qui portent tous bien haut le pavillon de Venise — oh! rien de Monsieur ˌde Saint-Marc, né lion — et encore plus haut, *ferme et droit*, le pennon de leur signataire. Et comme les *bragatsi* et les *trabacoli* chioggiotes s'essaiment irré-

guliers, francs voiliers, sur la mer bleue et les aurores
safranées, je dissémine un peu au hasard de mon
caprice la flotille des œuvres à raconter sur l'outre-
mer pourpré de mes enthousiasmes qui déferlent, et
j'établis une chronologie plus morale que matérielle
pour mieux établir l'ascendance des efforts et des ten-
dances, dans la vie un peu hachée par les occasions
journalières qu'un artiste, soucieux des réalités qui
changent et ne se répètent jamais, doit saisir aux
cheveux.

J'ai insisté sur *Elena* comme sur le point cul-
minant d'une progression qui va de la matière brute
des *Caïn* et *Abel* de jeunesse et d'atelier, à la matière parée de tous les leurres idéals et séducteurs de
l'atmosphère et de la lumière, de la vie heureuse ivre
d'elle-même; ce serait le lieu de dire ici la très grande
influence de Mme de Pury sur l'œuvre de son mari.
Extraordinairement artiste elle-même et de culture
toute florentine, elle apportait avec elle la grande tradi-
tion de la Renaissance italienne et en pénétrait la
peinture du Maître à tel point, qu'en beaucoup
de tableaux on peut saisir comme un fantôme de sa
ressemblance. Cette œuvre est encore toute latine. Or
maintenant il s'agit de fixer les étapes d'une autre
progression, où la matière ayant donné par elle-même
tout ce qu'elle peut recéler de splendeur, il s'agissait
d'atteindre à l'âme à travers de merveilleux corps
translucides... Cette conquête de l'empyrée intime est
la grande gloire d'Edmond de Pury; elle date d'une
circonstance atrocement douloureuse dans la vie de
l'homme et que je ne fais que marquer : la mort
de son fils unique. L'homme en sortit broyé, mais
l'artiste grandi; passé au feu de l'épreuve il étreignit
enfin l'*impalpable animique*, la beauté morale, la souffrance, et il l'empreignit au delà et autour de la beauté
physique. Il y a telles œuvres même sur lesquelles

54

semble planer en même temps que l'indiscontinue
influence de la compagne de l'heur et du malheur,
l'âme du fils perdu, révélatrice des autres âmes peintes
jusqu'alors seulement pressenties..... Désormais ce qui
va flotter autour des corps ce n'est plus rien que de
l'atmosphère, mais quelque chose d'indéfinissable, — si
l'on veut : de l'astralité, de la sidéralité... qu'importent
les mots à ce qui n'en comporte point ; — et l'œuvre
encore latine, c'est-à-dire un peu païenne, va se pénétrer d'un peu de mysticité, de quelque chose qui vient
de la souffrance septentrionale et de ces terres pro-
mises qui apparaissent au delà des continents et des
mers d'ici-bas.....

II

ERS Pâques 1892 M. Edmond de Pury qui
venait de remporter à Lausanne et à Londres
de si francs succès, daignait répéter pour
Neuchâtel ce qu'il avait fait pour Lausanne et offrir
à sa ville natale une exposition absolument renouvelée,
un cycle d'œuvres absolument inédit, résultat des travaux
de la dernière campagne. Cette faveur fut accueillie
avec assez d'indifférence, non pas que Neuchâtel fut
à vrai dire réellement indifférent, mais surtout parce
que dans cette importante capitale le bon ton est de
ne pas applaudir ni admirer, cela non seulement en
vue de ne pas se compromettre, mais surtout de faire
le renchéri et de poser pour l'atticisme d'une ville du
goût le plus délicat, du suffrage le plus rare et partant
le plus enviable... Le succès prodigieux et du reste si
mérité des fresques de M. Léo-Paul Robert n'infirme
en rien ce jugement, car il entrait dans ce succès bien
d'autres éléments que ceux uniquement artistiques.

Aussi le suffrage de Neuchâtel enviable!... ah!
non.

56

Une ville où des expositions comme celle de M.
Edmond de Pury, et celle de M. Gustave Jeanneret
la précédente année, se produisent sans succès —
parce qu'il ne s'agit que d'art seulement — est une
ville qui a des modes des superstitions artistiques,
mais des goûts, des opinions, de la vitalité, de l'existence
enfin, cela non! Une ville morte, où ne vivent que
des prétentions!

Il était impossible de réunir une seconde fois un
ensemble aussi bigarré qu'à Lausanne; faire mieux
étant impossible, M. de Pury avait cherché à faire
différent; après un concert d'œuvres tout en majeur,
il mettait une sourdine aux cris de la couleur ivre
d'elle-même et donnait un concert d'œuvres en mineur,
mais qui présentait ceci de particulier : ce concert
répétait la gradation, la progression arithmétique
croissante, du réalisme le plus sincère à un presque
idéalisme non moins sincère jailli spontanément du
point de départ réaliste, que nous avions signalée jadis
au salon neuchâtelois de 1888; mais il l'amplifiait,
la grossissait formidablement, à tel point qu'il s'y
trouvait des morceaux dignes de la geste esthétique
de la Rose Croix dont on annonçait pour cette année
là le premier Salon, et d'autres qui eussent ravi
n'importe quel réaliste!

Parmi ces derniers, le buste de face du vieux
pêcheur vénitien que nous retrouverons au Musée de
Neuchâtel; les deux femmes grandeur naturelle assises
au fond d'une cour de Burano de profil contre un
mur blanc, sorte d'immense bas-relief peint, mais en
haut relief, haut en couleur, avec une recherche de
symétrie et de simplicité antiques, œuvre fruste et
noble, actuellement au Musée de la Chaux de Fonds;
la fillette un peu sentimentale appuyée contre la margelle
en pierre d'un puits sur lequel roucoulent des colombes,
étude de nuances et de demi-tons gris, achetée par le

Musée de Berne. Parmi les œuvres idéalistes nous
omettons de même le jeune pêcheur orange, demi-nu,
dans l'eau jusqu'aux genoux pour pousser une petite
fille rose assise dans une barque, lequel servit d'étude
au grand tableau du Musée de Bâle. Tout cela nous
attend en de prochains volumes sur les Musées suisses,
il en reviendrait comme on va voir déjà bien assez à
celui-ci si nous voulions tout décrire.

L'exposition de Neuchâtel culminait doublement
en ce qu'on peut appeler le réalisme d'Edmond de
Pury par la brune tête de profil aux rouges lèvres
sensuelles d'une fille capriote éclatante de brutale
santé et de sensualité, avec des guipures fleuries sur
les épaules, et en ce qu'on peut appeler son idéalisme
avec le *Printemps*. Entre les deux, comme participant
à l'une et l'autre tendance, il fallait placer le gamin
bleu raccommodeur de filets, agenouillé de profil contre
un mur blanc où se balance un petit crucifix ; le très
joli portrait bronzé du jeune homme de face sur fond
vert que nous retrouverons au Musée d'Aarau, et le
grand portrait blanc et blond de Mademoiselle M. de
Chambrier, un portrait qui deviendra historique comme
ceux de Gainsborough et de Lawrance par la beauté
et le charme du modèle autant que par le talent du
peintre.

Quant au Printemps, je ne connais pas d'œuvre
donnant plus simplement le sentiment d'une apparition... Voici.

Sur un fond très doux, très tendre de halliers
ou de charmilles d'un vert jaune, souple et moelleux,
les pieds invisibles perdus dans du gazon tout jeune
aussi, entourée, ennuagée d'une envolée de libellules
et de papillons, en pleine pénétrante quiétude de la
lumière argentée de Mai, surgit une grande jeune fille
très simplement vêtue de blanc, de légers reflets roses
et verts pleins les plis de sa robe flottante et lâche.

De ses deux bras levés elle éploie et soulève derrière
elle un châle, un léger tissu blanc marqué de fleurs
et de fleurons rouges, roses, lilas et mauves qui, concentrés derrière sa tête nue, l'auréolent d'un véritable
bouquet, seules notes un peu vives dans toute cette
mollesse gracile des suaves couleurs atténuées. L'auteur
a repris le procédé symétrique et régulier de Eléna et
en a en quelque sorte transposé les effets; il a mis
plus de vague dans sa vision; il a voulu que tout
parut incertain, flottant entre le rêve et la vie, jusqu'au
regard de sa printannière héroïne qui regarde on ne
sait où et qu'un léger soupçon de strabisme voulu
rend encore plus étrange, plus énigmatique. Elle a
l'allure fantômale d'une folle très douce, d'une Ophélie
venitienne, mais bien réellement c'est une apparition,
une âme enfélicitée, jadis âme en peine et qui maintenant ne touche plus à la terre, une bienheureuse
flottant dans un bosquet élyséen. C'est Eléna morte
et revenant dire qu'au delà la vie il fait plus beau
que sur terre.

III

Berne et à Neuchâtel en 1893 et 1894 aux expositions régulières, fédérales ou cantonales, M. de Pury eut l'heur d'être peu goûté de la critique locale. Ses œuvres furent moins bien comprises, quelques unes pas du tout. Et puis je le répète, il est en Suisse comme ailleurs des modes, des engouements, des parti-pris d'éloge ou de dénigrement, des vogues capricieuses. En outre M. de Pury se renouvelant dans sa voie, dans la voie que chacun lui connaît, et vivant toujours en Italie, échappe forcément un peu aux luttes quotidiennes de son pays, contre-coups de celles de France et d'Allemagne. Il est classé et on ne s'aperçoit pas qu'il change *dans sa voie*, pas plus au reste qu'on ne lui permettrait d'en changer s'il s'en avisait. On préféra, et c'est presque naturel, s'apercevoir de nouveautés bonnes ou mauvaises que de se donner la peine de constater les successives étapes de ses acheminements du mieux au mieux et de ses réitérés assauts à la perfection. Au public suisse du reste venaient d'être révélés Eugène

Grasset et Carlos Schwabe; MM. Léo-Paul Robert
et Bieler passaient à la peinture décorative ; M. Gustave
Jeanneret à la peinture alpestre. On commençait enfin
dans la Suisse romande à rendre justice à Hodler, à
se préoccuper du géant Arnold Böcklin et de Hans
Sandreuter. Et puis pour tout dire quelques jaloux
commencèrent à se lasser d'entendre appeler Aristide
le juste et à insinuer qu'il y avait assez d'œuvres du
Maître vénitien dans les Musées suisses... Eh ! il n'y
en aura jamais trop ; et les villes qui possèdent des
Böcklin, des Buchser, des Pury, n'auront jamais à
s'en plaindre... A la mort de Böcklin par exemple, je
crois qu'il y aura à Neuchâtel, Lausanne et Genève
bien des pleurs et des grincements de dents et je ne
cesse, Cassandre inexaucée, de le crier pendant qu'il
serait encore temps de remédier à un désastre certain.
Tant mieux si les Musées de la Suisse allemande et
la Confédération actuels, plus intelligents et par conséquent plus éclectiques que la Suisse romande et ses
cantons, s'aperçoivent que M. de Pury n'a jamais fait
mieux que ces dernières années et, se préoccupant de
ne pas laisser de remords en héritage à leurs successeurs, placent ses œuvres côte à côte avec les Böcklin,
les Léon Berthoud, les Léopold Robert...

Bien heureusement, le moment n'est pas encore
venu de faire à propos de M. de Pury de l'histoire
et de la biographie, je suis résolu à ne m'occuper ici
que de son œuvre et non point des commentaires
et discussions qu'elle provoque. Je proclame ici ma
pensée à moi, qui est toute d'admiration, à divers
degrés naturellement, mais d'admiration.

Et attendez, ceux qui en ont le temps et l'espoir !
Vous verrez si d'ici à cinquante ans ces œuvres si
enveloppées, si baignées d'atmosphère argentée ou
blonde : la *petite balayeuse*, la *marchande de poteries*,
la *tresseuse d'oignons*, le *berceau*, le *rosaire*, le *gamin*

à la proue d'un bâteau, le *jeune homme au panier
de geraniums* n'auront pas aux yeux de nos arrière-
neveux l'attrait et le charme des Greuze avec cet
indéfinissable *quelque chose en plus* que nous aurons
étreint et défini avant la fin de ces pages. Ils s'aperce-
vront alors que l'artiste leur a légué non point des
« *essais de composition* », comme il a été dit si
grotesquement, mais un peu de l'âme de notre temps,
de cette âme inquiète et lasse, expectative de quelque
chose de grand qui ne s'annonce pas encore, de
cette âme affolée d'espérance et de besoin d'aimer et
d'adorer qui flotte aujourd'hui partout, comme jadis
l'*esprit sur les eaux*, aussi bien sur le front des
gamins de Venise et des filles des lagunes que dans
les rides jaunes de nos visages ravagés de décadents
pour qui la science du bien et du mal, aussi bien
que la vulgaire science, a fait banqueroute.

IV

NE observation dont j'ai maintes fois contrôlé l'exactitude. Tout artiste qui a excessivement fort le sentiment de la beauté humaine, qui sait le mieux rendre ce qu'il y a d'expressivité parfois troublante dans la splendeur d'un nu, qui a l'amour de la plasticité et de la forme, se trouve être par contre-coup un maître caricaturiste. Aimer le beau c'est haïr le laid et savoir les exprimer l'un et l'autre A se battre journellement avec l'excessive difficulté d'attraper une ressemblance autrement qu'à peu près, on a l'expérience journalière de la caricature que devient l'à peu près. La parfaite ressemblance avec un modèle effectivement résulte de lignes d'une sensibilité si subtile, d'une délicatesse si extraordinaire, qu'il suffit d'outrer légèrement dans un sens ou dans un autre pour avoir deux caricatures diamétralement opposées quoique jusqu'à un certain point véridiques. Tous ceux qui ont doté le monde des formes artistiques des plus admirables formes humaines, ont été les plus mordants caricaturistes. Sans remonter jusqu'à

Léonard de Vinci, citons parmi les contemporains
Böcklin, et Franz Stuck qui passe avec une telle
aisance du sublime aux *Fliegende Blätter* et s'y divertit
de tout cœur comme si ses nus de jeunes guerriers
n'étaient pas de si impressionnantes renovations de la
statuaire grecque.

M Edmond de Pury est un caricaturiste merveilleux. J'en parle par expérience; je l'ai appris à mes
dépens... ou plutôt à ses dépens, et j'en suis enchanté
puisque cela m'a valu un chef-d'œuvre du genre. Je
me hâte d'ajouter qu'au rebours de Böcklin, le poète
du Printemps n'est jamais méchant; Böcklin, des
laideurs qui l'offusquent fait des monstres purement
et simplement; il n'y va pas par quatre chemins et
fourre bravement, comme Dante, ses ennemis à lui
en enfer, et l'enfer de Böcklin, ce païen rabelaisien
et olympique, c'est *les Enfers!* M. Edmond de Pury, lui,
n'attaque pas ses ennemis; une telle vengeance est
trop au-dessous de lui, il s'en prend malicieusement
et gentiment à ses amis, et se compose de leurs décon-
venues, de leurs disgrâces physiques ou modistes, un
album où l'on est très heureux de figurer, puisqu'il
est une preuve de plus d'estime et d'amitié.

En général à la plume, puis dextrement et légèrement lavées à la façon de Grévin, ses caricatures ont
deux très grandes qualités en une seule, c'est-à-dire
une exactitude désolante et désopilante à la fois. Si
elles vous sont brusquement présentées, vous éprouvez
à la fois, cependant comme un accord un peu har-
pégé, sur le coup une seconde de surprise et de
révolte, puis aussitôt après, mais presque immédiatement, un irrésistible fou-rire. C'est un *oh!* qui se
résoud aussitôt en un *ah!*

Et voilà comme chacun à sa façon — (les uns
charitablement, les autres au contraire) — éprouve à
son heure le besoin d'écrire un premier chapitre

d'*Ægvptiacque*. Nous verrons bientôt celui de Böcklin qui ridiculisa pour l'éternité un jury bâlois, dont on oubliera peut-être les noms, mais les figures jamais ! Encore une fois celui de M. Edmond de Pury n'est jamais une hargneuse vengeance mais un bon sourire doucement ironique.

Et encore une fois aussi... ce sourire, on est trop heureux de le provoquer !

V

’ACTIVITÉ de M. de Pury pour s'être con-
centrée à Venise depuis une dizaine d'années,
ne s'en est pas moins répandue dans toute
la lagune. Cependant ses œuvres nous viennent de
Burano, de Chioggia peut-être plus que de Venise
même; mais qu'elles aient été perpétrées dans la
cour de sa maison du *fondamenta Alberti*, dans le
jardin de son atelier sur le canal San Trovaso, ou
sur la mer autour de Chioggia, elles ont toutes le
même type et les appeler *vénitiennes* suffit. La seule
classification intéressante de ces œuvres serait par
modèle : tel modèle ayant inspiré, ou plutôt servi de
prétexte à une demi-douzaine de tableaux dont ils
sont la clef. Et suivant les besoins de la cause et
le plus ou moins de confort au travail, M. de Pury
ne s'est pas gêné pour amener tel modèle de Chioggia
à Venise, ou même pour faire poser des filles de Venise
qui se trouvaient présenter le type voulu de Sotto-
Marinante.

La façon dont l'artiste copie ses modèles est au

reste tout un enseignement et mérite d'être racontée.

D'abord n'importe qui n'est pas élu. Ceux et celles qui ont défilé dans l'atelier de M. de Pury ont été en leur temps ou sont encore à l'heure actuelle les plus beaux garçons, les plus jolies filles des villes de la lagune. Cette condition requise, ils ne posent plus guère au sens où l'on entend ce mot dans les ateliers de Paris.

L'artiste a une vague idée préconçue; ces modèles sont ceux qui lui paraissent favorables à l'aider en la corporisation de cette idée... Il les place alors dans sa vie, s'entoure de leur présence, de façon à les avoir à tout instant sous les yeux, de se rendre compte de tout ce qu'il peut tirer d'eux. Il les absorbe, il les avale réellement en son intelligence avant que de les copier; et çà et là il a d'eux trois ou quatre visions capitales avec la coïncidence de certains effets. Et dès lors il se mettra autant que possible dans toutes les conditions requises pour renouveler et perpétuer cette vision.

Mais encore avant d'œuvrer il tâtonne d'après son modèle une dizaine de pochades fulgurantes, sans tâcher à la ressemblance (l'attrapant du reste toujours à force d'expérience préconçue), indiquant surtout l'effet souhaité, le but auquel il s'efforce.

Une de ces pochades statue déjà ce but d'une sorte à peu près définitive. Enfin la réalisation sérieuse, approfondie, la lutte avec la nature, avec la ressemblance poussée de près commence. Alors le modèle pose ou du moins est censé poser. L'artiste semble avoir renoncé à son idée de tableau et s'efforce âprement, énergiquement à la totale, à l'absolue vérité, en une ou deux têtes, une ou deux demi-figures. Cela fait, il sait son modèle par cœur. Alors seulement il reprend l'idée première, met le modèle dans les conditions de son tableau, et abat celui-ci presque en se jouant. Il geint bien un peu pour la forme, se plaint de la difficulté de l'art, de la dureté des temps et de la fatigue du travail, mais en jouit âprement, furieusement. Il accumule la besogne et les œuvres de façon à couvrir de confusion ceux qui se croient les plus opiniâtres travailleurs.

Travaillant l'été toujours en plein air, faisant une moisson très considérable de documents, il ne se laisse rebuter par rien. Tout doit céder à toute force... Aussi le prix de peu de tableaux, — et ils se vendent presque tous, — arrive à couvrir seulement les frais de leur composition et de leur exécution. A Chioggia, la journée ordinaire de labeur se décompose pour Edmond de Pury en trois séances, l'une sur l'eau de six à dix heures du matin; la seconde de trois à six heures dans la cour ombragée par les gerbes de lauriers, les vignes grimpantes et les têtes de mûriers du vieux palazzo Mascheroni; la troisième enfin encore sur l'eau, mais au crépuscule de six à huit heures et même huit heures et demie aux plus longs jours de l'année. Pour ces poses sur l'eau en plein soleil œstival et italien deux barques et deux rameurs sont nécessaires, une barque et un rameur pour le ou les modèles, une barque et un rameur pour l'artiste et tout son attirail. De tout ce travail combiné naissent et prennent corps en dernier lieu les grandes œuvres capitales que l'artiste élabore l'hiver dans le recueillement de son mystérieux atelier de Venise, clos dans le silence, au fond d'un jardin vierge et sur la rive d'un canal mort, parallèle à la Giudecca, cependant tout près du Grand Canal qu'on rejoint par un *rio* latéral.

Après avoir d'abord consciencieusement, méticuleusement copié son modèle, M. de Pury ne se préoccupe plus que de réaliser d'après lui son idée, elle-même née un jour ou l'autre d'un hasard, sug-

gérée généralement par ce même modèle la fois où
il a attiré l'attention du Maître. Et c'est précisément
ce hasard fortuit qui décide de son sort. Alors il se
passe un phénomène étrange et quelque peu effrayant
d'occultisme artistique. Le portrait du modèle prend
une vie d'au-delà, il se transfigure tout en restant
lui-même; c'est bien lui, lui plus que jamais, mais
avec quelque chose en plus; il sort de lui quelque
chose d'invisible pour tout autre que le peintre et que
le peintre met sur sa toile; la beauté morale apparaît; les splendeurs de l'âme sourdent et le Maître
en revêt les corps. On avait une fille de la rue,
tout à coup on se trouve en présence d'une sainte;
on avait un gamin, il devient archange; on avait une
grande sœur aînée au berceau de son petit frère, on
a une madone. La figure avait déjà du style, de
l'aristocratie, elle prend de l'âme... Tel autre gamin
qui a de la race et du vice éclot en une capiteuse
fleur du mal, et telle ingénue montre en elle, latentes,
toutes les perversités de demain, et cela devient extraordinairement troublant. J'ai dit cela autrefois en
détail à propos des œuvres de M. de Pury exposées
en 1888 à Neuchatel; on retrouvera ce morceau dans
une suivante brochure, étude d'ensemble sur une date
de la peinture neuchâteloise. Ici il ferait double
emploi. Parfois même tel modèle donne le petit
démon aussi bien que l'ange, suivant ce que l'artiste
divinateur a particulièrement vu en lui à deux périodes
différentes de sa vie.

Je connais quelques-uns de ces modèles et ai
même éprouvé pour certains d'entre eux cet intérêt
aigu que donne l'instinct divinatoire de leur âme.
Et je pourrais suivre à propos de chacun d'eux la
gradation des transfigurations, depuis la simple étude
jusqu'à l'apothéose, que ce soit assomption ou descente aux enfers. Il en est quatre dont M. Edmond

de Pury a presque écrit la biographie avec des pinceaux d'une lucidité, d'une psychologie pénétrante, parfois d'une subtilité qui touche à la trahison ; il les a confessés en les peignant, mais par sa seule peinture.

Prenons par exemple cette belle fille sensuelle qui commence par être la bonne à tout faire de ce tableau charnel en diable : la lessiveuse. Elle se redresse, grandit, s'amenuise, s'affine; comme un peu d'intellectualité passe sur sa physionomie; elle est la fileuse... En d'autres attitudes, à un autre moment de l'efflorescence de sa beauté, elle est la marchande de fleurs... Et il semble que le parfum de ses fleurs se concentre en elle, tout à coup elle jaillit elle-même fleur et splendeur, astre, soleil, dans la calme insouciance de sa beauté et de sa pleine jeunesse. C'est Elena. La voici réduite en petite sainte-vierge dans le tableau de Bâle. Puis voici qu'elle a souffert, elle s'immatérialise, elle ne touche plus au sol, elle devient diaphane, son âme n'a plus guère d'espace à franchir pour quitter la terre et la chair; elle est le Printemps... Que s'est-il passé? Demandez au peintre, il ne saura pas vous répondre, mais il a su voir clair et lire au fond du cœur à travers les apparences adverses. Et il a forcé les apparences à se pénétrer de ce qu'il avait lu, il a forcé la lumière à traluire à travers le vase, le parfum à s'évaporer à travers l'albâtre.

Un être rudimentaire et inquiétant, qui n'apparaît qu'une fois ou deux dans l'œuvre de M. Edmond de Pury, c'est cet énergique et brutal Giovanni du Musée de Soleure, un taciturne et un réfléchi, à la façon du Yann de Pierre Loti dans *Pêcheur d'Islande*.

Au contraire rongé par la *fiacca* vénitienne, mou comme une chique, dépérissant de fièvre et de langueur et peut-être d'autre chose encore, le joli gon-

dolier fin au visage olivâtre aquilin et maigre, qui
a posé le garçon sur fond vert du musée d'Aarau et
le martial jardinier en maillot rose et blanc qui porte
sous le bras un panier de fleurs. Dès que la molesse
et la flemme ont eu imprégné le pauvre hère comme
de l'eau entre dans une éponge, l'artiste a cessé de
s'y intéresser et peut-être de le comprendre, ou plutôt
n'a-t-il plus voulu. L'éphèbe efféminé n'en valait plus
la peine. Edmond de Pury aime les ossatures qui tiennent et le sang dans les veines. S'il trahit des perversités il les veut aiguisées et alertes; il se détourne
avec exaspération de toutes morbidesses; il est trop
sain, trop latin de corps et d'esprit pour les déliques-
cences et les névroses du Nord. Il lui faut de solides
gaillards qui se tiennent bien droit, la main sur la
hanche, regardant le ciel bien en face. Pauvre petit,
avait-il été pourtant assez bijou, assez bibelot pieux,
objet d'art et de dévotion alors que de profil, en bleu
sur fond blanc, le Maître l'avait agenouillé devant un
filet à raccommoder, contre le mur où se balance un
petit crucifix populaire..... Mais où sont les neiges
d'antan..... Le pauvre être ne s'approchera jamais
d'aucun rivage.... il n'est peut-être plus pour lui que
la terre promise de la mort.

Et toi, pauvre petite chérie, moins belle, moins
rayonnante, moins soleillante qu'Eléna ma toujours
suprême adoration, que me veux-tu? Je te connais
bien, pauvre petite pauvresse, moins aérienne, moins
irréelle, moins fantastique, moins almée que la blanche
apparition printanière, mais de toutes les *une d'entre
les douze filles d'empereur* légendaires que sont les
deux douzaines de féeriques créatures d'Edmond de
Pury, toi la plus étrange, la plus douloureuse, la
plus mystérieuse; petite moricaude chioggiote, fine
petite statuette toute noire, diminutif d'Astarté, Astarté
Syriaca enfant, toi que je voyais le soir promener

ta petite sœur sur la place de Chioggia, c'est bien
toi contre cette muraille blanche dans ta blanche
tonda et sous ton tablier blanc, — petit bronze
prédestiné à Valgren, plus tard, quand le malheur
t'aura broyée, séchée et ridée comme un brugnon
sec. Oui, ce sont bien là tes grands yeux effarés déjà
ouverts avec horreur sur la vie — et sous un ciel
pourtant où la vie est si belle — et tes petites mains
maigrelettes, inquiètes et tremblantes qui se crispent
sur les contingences et les pressentent hostiles. O
petite souillon de Chioggia qui portes un nom
d'impératrice byzantine, Irène, petite Irène, c'est bien
toi; et tu vas t'en aller de par le monde, figée pour
l'éternité derrière ces pots de géraniums fleuris, tu vas
t'en aller aussi bien qu'un icone de vierge ou un
ritrato de dogaresse promener à travers les expositions ton petit fantôme troublant, l'inquiétude fris-
sonnante de toute ta petite personne. Tu échoueras
peut-être au cours des siècles dans quelque poudreux
musée, et ceux de *dans bien longtemps* à te voir se
demanderont, eux mêmes transis d'un subit et inexprimable frisson, quelle douleur tu as porté en toi,
quel stigmate de malheur est si mystérieusement
imprimé sur toi, partout, nulle part, et quel aura
donc été ton mode de souffrance terrestre, car tu as,
petite Irène, l'aspect de ceux qui doivent payer très
cher le droit à une vie qu'ils n'ont pas demandée...
Et tous, lisant ton nom à l'angle de la toile se
demanderont comme moi, Irène que me veux-tu...
Irène pourquoi me regarder ainsi... ô toi qui sembles
une Gretchen du midi oriental sans Mater Dolorosa
à qui confier en secret ton secret, dont tu ne te
doutes même pas toi-même. ...

Et c'est ainsi qu'à force de se battre avec la
réalité, qu'à force de vouloir l'étreindre *toute*, M. de Pury

en arrive à deviner le fluide astral de ses modèles
et l'au-delà qui le peuple. Il en arrive à faire de
ses pêcheurs et de ses fillettes méridionales des personnages de Maeterlinck. On a appelé jadis Chopin le
pianiste-frisson.... Il y a de cette sorte de frisson
dans certaines dernières œuvres du Maître... Voulez-
vous vous en convaincre? Comparez Irène à la *Cruche
cassée* de Greuze... L'œuvre a peut-être les mêmes
dessous, l'une est une réédition du *sentiment* de
l'autre. Mais quelle différence. La même qu'entre une
page de Bernardin de St Pierre et qu'une de Loti;
entre les deux on pourrait placer tel Léopold Robert
qui nous évoquerait la Graziella de Lamartine. Désormais dans l'œuvre d'Edmond de Pury l'enveloppe
morale est rendue si évidente, autour de ces figures
qui ont commencé dans les premières œuvres du
Maître par être les corps les plus luxuriants, les plus
païens de beauté et de santé, qu'ils montent peu à
peu au symbolisme; l'artiste en fait jaillir l'âme par
une alchimie artistique prodigieuse... et les en revêt
de cette âme comme d'un nimbe par dessus les loques
aveuglantes de jadis. Et c'est de cette façon, en pres-
surant le vrai de plus en plus, qu'Edmond de Pury
achève cette évolution vers une sorte d'idéalisme très
différent de celui que je lui prédisais à l'époque
d'Eléna et du Printemps (le præraphaélisme), mais
qui n'en est pas d'une signification moins haute. C'est
sans doute à l'heure qu'il est, consciemment ou non,
en même temps que l'un des peintres les plus ensor-
celeurs, les plus enjoleurs par la prestidigitation colorée,
un sacerdote de l'idéal, un serviteur de l'idée spiri-
tualiste, d'un art très profond, très convaincu, et qui
laissera à la postérité une galerie des images les plus
exactes de la façon d'être beau et de forcer l'amour
qu'ont les âmes populaires et primitives de l'Italie
moderne.

VI

L faut finir par une toute grande œuvre, celle qui résume l'activité du Maître jusqu'à présent, et peut-être toute la poésie et la vie des lagunes. Nous souhaiterions la voir face à face avec les *Pêcheurs de l'Adriatique* de Léopold Robert au Musée de Neuchâtel. L'idée de l'un comme de l'autre chef-d'œuvre est née à Chioggia, mais il y a entre les deux plus d'un demi siècle, c'est-à-dire un monde de choses écroulées et bouleversées; il y a même une autre conception de la vie. N'importe, ces deux toiles affronteraient à jamais dans l'admiration de nos concitoyens les noms de deux très grands artistes neuchâtelois, de mérites très divers, de culture et de caractère très différents, que l'Italie nous a repris et a faits siens, et qui, en échange, sont les seuls à avoir donné à l'Italie une fidèle image de la vie et de l'âme de son peuple sur les rives du saphir golfe de Naples et des opales lagunes de Venise et Chioggia.

Des chants naissent... du ciel ou de l'eau, apportés par un peu de brise.

74

Des chants viennent. . du ciel jaune et floconneux de soleil, ou de la lourde lagune huileuse et blême, plaque de lait ou de mercure qui miroite au loin.

Et de très loin sur cette eau opaque, et grasse, et grise, une barque approche, issue du confus horizon où trempent des arbres, des clochers, le vague estompage d'une ligne marécageuse, terre basse noyée dans la torpeur chaude et la fièvre estivale.

La cantilène et l'apparition se précisent. Et bientôt les voici imminentes les nouvelles, les récentes floramies du Maître vénitien moderne, surgies au premier plan aquatique entre ciel et mer, leurs têtes dans le jaune floconneux, la panse rebondie de la grosse barque goudronnée courant sur son propre reflet vert dans le gris laiteux.

Or, sur l'infini d'en haut clair et pesant, sur le zénith de neuf heures, par une accablante journée de septembre, supportable seulement en mer où fraîchit un peu de brise, c'est, qui s'avance en plein soleil, un bateau chargé de foin et où chantent six jolies filles de Sotto-Marina, six de ces vaillantes filles, à la fois marinières et agricoles, qui, parties de nuit pour les champs fiévreux de Brondolo, reviennent en trois heures de rame après une nuit blanche et une aube de travail, leur esquif surchargé de légumes, de fruits et de foin, — six de ces luronnes campagnardes affinées par la mer, l'onduleuse ondulante, ondines plus que filles tant la lagune surtout est tout puissante à idéaliser, à exquiser ceux qui vivent d'elle, mêlant à sa vie la leur inextricables, — six de ces adorées créatures un peu amphibies et dont le charme fait d'hérédités mystérieuses est à la fois marin, fluvial, terrestre, et en plus italien et slave, ce pourquoi je le définis italiote qui est plus imprécis.

Donc elles sont là tout près, elles chantent et elles passent... elles vont sortir du tableau qui les fixe à

jamais, vivant pour les jours de demain plus belles
qu'en leur vie d'hier, la magie de l'art leur ayant
donné droit de cité dans les imaginations des êtres
futurs.

Quatre rament à l'arrière, deux rêvent à l'avant;
toutes chantent, machinalement, instinctivement... Leur
chant c'est comme un parfum de leur âme, un parfum
qui flotte sur la lagune à l'avant, comme à l'arrière
et dans le sillage de la barque champêtre la bonne
odeur de foin coupé. Six bouches entr'ouvertes, petits
nids d'ombre dans les jolies frimousses bronzées,
rythment de leur complainte blanche le labeur multiple des bras ambrés; les quatre rames accouplées
elles aussi en chœur, — soprano, alto, tenor et basse,
— accompagnent de leur clapotement argentin la
longue mélopée en pleine lumière, lente et mineure
comme l'horizon.

Et c'est si simple ce grand ensemble, si trouvé
et si complet!

Mais elles, elles encore...!

Elles sont toutes jeunes, toutes charmantes les
chanteuses incantatrices; elles ont toutes le même type
local et ce même type de prédilection chez Edmond
de Pury, elles ont toutes le même grand chapeau
de paille plat aux immenses ailes de leur sœur de
jadis : Eléna... Mais ces chapeaux ne flambent plus
dans le contre-jour vainqueur comme des soleils épa-
nouis; l'eau de la mer et la pluie, la lumière et
la chaleur les ont tour à tour ou tout à la fois durcis
et amollis, noircis, séchés, patinés, cassés, mordus,
décousus. Il en est d'ébréchés et de mordorés comme
des plats hispano-arabes, de gondolés et d'ajourés,
mais tous cependant d'un beau contour très simple,
font des têtes comme une grande fleur rare et délicate, capucines géantes, campanules d'or, papillonacées
des jardins enchantés de Klingsor...

Et la merveille c'est ceci :

Aussi bien que la cloche lointaine de l'angelus de Millet, le chant parfumé de ces filles-fleurs, on le perçoit par la vue. Leur être charmeur révèle leur voix, leur être exprime l'âme de leur chant. Leurs corps flottent comme des apparitions dans l'atmosphère chaude et saline avec juste assez de matérialité pour fermer la bouche aux chicanes réalistes inférieures; et leur âme se dégage dans la fluide ambiance céleste et maritime qui enveloppe et caresse leurs formes exquises vêtues d'arc-en-ciel, et tout le tableau stagne dans le rêve et la torpeur poétique.

Oh! les gentils petits corps et les douces petites âmes roses et bleues.

Harmonie suprême de leur groupe, eurythmie de leur groupement, orchestration wagnérienne de leur vestiture populaire. Et cependant écoutez comme elles chantent, elles aussi, individuelles, les couleurs; laissez-moi décomposer jusqu'aux accords les plus en sourdine, préciser la prosodie des lignes, avant de vous battre la mesure de l'impression totale. Jamais symphonie ne fut plus parfaite..... Oh! je sais que j'ai bien tort de revenir encore une fois à propos d'Edmond de Pury à ces termes de musique dont au reste j'abuse un peu partout... *Che volete!* J'y reviens toujours parce qu'il le faut, dès qu'il s'agit d'exprimer de l'idéal et de l'immatériel surajouté à de la vérité contingente et à de la matière dans des proportions où le mariage est si heureux qu'il se résoud en vraie musique. Or c'est chez M. de Pury que je rencontre le mieux cette perfection, cet équilibre de dosage, cette douce et pénétrante sagesse, cette raison raisonnante et raisonnée pleine de grâce. D'autres me donnent des coups de folie, des ivresses rapides, des exaltations d'enfant, et me font flamber de tous mes feux de paille. Lui m'enveloppe comme il enveloppe ses

figures, comme il les caresse d'air tiède et de
reflets satinés; son charme est de persuasion et de
continuité; il insinue la paix, les enthousiasmes profonds et de longue durée. Il n'accouple pas par la
force l'idéalisme et le réalisme pour les faire hurler
ensemble et les maintenir par l'extravagance de telles
inconciliables couleurs, attelés en forçats à son char
triomphal avec la poigne cruelle du belluaire, comme
le géant quelque peu surhumain Böcklin; il ne les
pulvérise et ne les mosaïque pas de l'un en l'autre
en le prodigieux désordre d'une tentative de concilia-
tion entre tous les procédés et toutes les doctrines,
comme Léo-Paul Robert, l'illuminé bien réellement,
au magnifique sens du mot; mais il les fond l'un
en l'autre dans le plus subtil des mariages d'amour,
de telle sorte qu'ils soient l'un en l'autre les os et
la chair de leur âme et de leur esprit, l'esprit et
l'âme de leurs chairs et de leurs os. Or pour exprimer cela dignement il faudrait de la musique.....

Elles chantent les *Marinante*, la journée est lourde
et la charge aussi, et bien long le trajet.

Elles sont six, ai-je dit, cinq grands chapeaux de
paille dorée et un serre-tête fait d'un fichu rouge;
quatre debout à la poupe, deux assises à la proue.
Les quatre debout rament, de tout leur corps, à
la façon vénitienne, leur torse penché, leurs deux
bras tendus et leurs mains appuyées sur la rame.
Elles semblent tomber hors du cadre sur le public.
Mais elles sont attelées à leur besogne par couple,
et leurs deux fois deux rames frappent en cadence
l'eau, à leur droite toute grise et peu profonde, à leur
gauche un peu teintée de bleu en aval de l'horizon
gris vert. Or à droite c'est le côté vaseux de la langue
de terre de Sotto-Marina qui par les Murazzi, inter-
rompue seulement par deux ou trois coupures, va
vers Venise rejoindre le Lido; à gauche, c'est le côté

de Chioggia, la ville austère, rude et travailleuse, un peu le La Chaux-de-Fonds des lagunes. Des deux villes on ne voit cependant rien, tout se passe entre ciel et lagune. Pour satisfaire à la première condition de l'harmonie, à la diversité dans l'unité, elles sont, ces jolies filles, quoique à peu près du même âge et malgré leur air de famille, toutes différentes de taille et de hauteur. Le dernier couple, tout à fait à l'arrière, rame plus haut que le précédent, élevé soit par un banc, soit par l'escalier, soit par le faux pont de la poupe, tandis que l'autre couple surgit debout seulement du tas de foin du fond de la barque poussée de la gauche à la droite du tableau; enfin à l'avant les deux jeunes filles les plus âgées, par conséquent les sentimentales, les rêveuses, les amoureuses, les flemmardes de la joyeuse petite bande, sont assises leurs pieds nus balancés avec nonchaloir sur l'eau de chaque côté de la proue. Elles pendent imminentes, à bout de nez du spectateur. Celles-là ne chantent qu'à peine pour la forme, leur pensée ailleurs en allée, presque adossées ou plutôt emboîtées l'une en l'autre, de façon à équilibrer une pyramide d'une admirable splendeur plastique sous les nobles plis des jupes rudes et des légers tabliers.

Mais après le parallélisme heureusement joint et noué en ce gracieux groupe proéminent avec la barque hors du cadre, ce sur quoi il faut insister, c'est sur la répartition infiniment habile des couleurs de l'ensemble, agencées en tourbillon kaléidoscopique, de telle sorte que ce bouquet féminin décrit un vague cercle, une enveloppe, une fusée mauve, lilas, jaune et bleu enfermant un soleil, un cœur, un noyau rose et rouge. De sorte que ce centre rouge dégradé en mauve et bleu aboutit aux gris et aux jaunes extérieurs par des jeux miraculeux d'intervalles chromatiques délicatement nuancés.

Après le groupement général, les exquises, les graciles petites individualités floramicales, reprenons-les une à une. Au physique toutes les mêmes ou à peu près; elles pourraient être toutes sœurs, étant d'une petite cité tout à fait fermée comme au moyen-âge, autant par sa situation robinsonnière que par la presque barbare sauvagerie de ses habitants, une espèce de petite république volontaire et entêtée d'une homogénéité très spéciale, où les familles se recrutent de l'une en l'autre sans intrusion d'éléments étrangers jamais.

Les deux rêveuses de la proue d'abord; et d'abord la plus extrême à la droite du spectateur, l'aînée probablement. Son chapeau : une grande corolle de fleur jaune épanouie; les bergères sans houlettes, mi-contemporaines mi-Watteau, élégantes, scabreuses et rosses de certaines affiches de Chéret l'illustrateur, lui-même un Watteau populaire et fin-de-siècle des rues de Paris, en ont parfois de semblables, quoique sortis un peu plus frais émoulus de la fabrique, bien entendu. En revanche celui-ci a de la tenue, pas rien que contre le vent; il abrite du soleil et avec style un grave et honnête visage brun, empreint de cette mélancolie qu'observa si justement Leopold Robert et que de Pury découvre parfois en pleine fête de la couleur et en pleine allégresse des formes très belles. Elle se laisse voguer, ses rêveries à vau-l'eau parties pour le pays où s'en vont les chansons. Une robe paysanne bleue et un tablier ardoisé clair lui forment un vêtement plus sévère aussi que celui de ses compagnes; la rame de celle qui est derrière fait au dessus, avec sa tête et avec sa pose assise et pendante, un triangle ouvert sur l'eau qui la détache et la *surligne* à l'attention, sans toutefois aucunement rompre l'unité du presque hiératique sextuor embarqué.

Appuyée contre sa poitrine quoique en sens con-

traire, son amie, jolie à croquer, un petit minois
coquet et tranquille, encore qu'un peu triste aussi,
pieds nus de même, s'affale longuement sur la barque
avec des lignes de jambes sinueuses et souples sous
la robe bleu ardoisé, bleu mat et le tablier bleu
blanc. Elle porte en arrière un paillasson largement
morsuré. Dans l'aile relevée une grosse entaille, et
sous l'entaille une fleur rouge, comme si le morceau
qui manquait s'était fait fleur. Et elle rit derrière
l'oreille, cette fleur rouge, à l'endroit exact où M.
Léo-Paul Robert a mis un papillon carmin dans les
cheveux de sa prostituée macabre,... un vilain sou-
venir que j'ai tort de rappeler ici.... Nous sommes
à Chioggia et non point à Neuchâtel. Enfin sous
les rudes et forts pieds nus de cette belle personne
pend en guirlande un peu de vigne, un rameau de
pampre dont l'extrémité trempe et flotte au fil de
l'eau.

Le deuxième couple, un peu en arrière, ne le cède
en rien au précédent et au suivant, avec lequel il a
plus de rapport, les quatre jeunes filles étant debout,
— pour le charme des personnages, leur grâce de
statuette, leurs aimables couleurs et leurs frêles et
délicates silhouettes, frêles, comme toujours chez M. de
Pury, avec robustesse et sans aucune mièvrerie. L'artiste
a lui-même étudié et préparé ses six personnages selon
la logique classification que nous suivons ici, et il
est de chacun de ces couples des études de toute
beauté qui, elles déjà, sont des tableaux complets.
L'ensemble réuni forme l'admirable quadrige maritime,
l'harmonieux quadrige de rameuses surplombantes qui
poussent avec tant d'énergie devant elles la proue
verdoyante où leurs deux amies, les deux compagnes
au repos, trônent à l'avant sur le foin en une pyramide d'un si décoratif far-niente et d'une si poétique
rêverie. Derrière leur groupe sentimental, sérieux et

recueilli, une grande jeune fille maigre, la plus haute de toutes dans l'ordonnance du tableau, soprano de lignes et de couleurs, surgit avec *un peu* d'âpreté nécessaire, type *un peu* fièvreux au visage *un peu* pâle, comme moins sain, moins fort, moins fruit mur et doré que celui de ses compagnes, les yeux frangés de cils noirs comme de traits à l'encre. Là encore la maigreur peut être maladive, mais la peinture et le dessin ne le sont pas; pas une aigreur de contour, pas une touche criarde, pas une tare dans tout ce grand tableau. Le chapeau de cette créature, tout rongé de dentelures concaves aux pointes aïgues, semble l'étoiler.

Parallèle à cette dernière, mais plus bas, — incarnant les chauds velours incarnats d'un contr'alto coloré, — une adorable petite poupée blonde et· rose, nez en l'air, menton au vent, clignottante et ébouriffée, rose de carnation comme de corsage et de tablier. Bref de toute sa personne un petit bouton de rose. Seulement tout en bas, sous le tablier rose, une main de jupe bleue. Le rose du corsage est légèrement bleui, lilacé de reflets. Le chapeau parsemé de quelques fleurs couronne et coiffe le petit alto purpurin comme d'une évasée et vaste cloche d'or cuivré qui me rappelle les demi-globes de paille que portèrent les petites viennoises de 1889.

Enfin le troisième couple. La plus élevée tout au fond, est mal abritée par un grand chapeau, aile à la brise, et qui semble prendre son envol comme une voix de ténor sûre d'elle-même et un peu bellâtre, comme un gros papillon à peine posé sur une fleur. Autour du cou un fichu rosâtre, la taille de nouveau rose et le tablier blanc. Quant à la sixième et dernière, l'unique sans chapeau, sa bonne tête ronde est prise dans un serre-tête rouge qui encadre sévèrement son rude petit visage de moricaude ou d'égyptienne. Sa

taille d'un autre rouge, et son tablier d'un autre mauve
que tous les précédents, plus étoffé, plus étouffé aussi,
donnent bien l'idée d'une basse de couleurs, suppor-
tant, basant tout le quatuor ailé de longues rames
et de grands chapeaux.

Sous elle quelques fleurs jaunes, tombées à l'eau,
s'en vont à la dérive vers le sillage et échappent aux
reflets de la barque, aux reflets verts noirs à écaillures
blanches et jaunes, parfois bordés d'un peu de rose,
rappel de tout ce rose et de toute cette jeunesse qui
chantent tête dans le ciel.

Voilà l'œuvre décomposée, hâchée menu, par taches
violentes... Il faudrait maintenant assouplir, atténuer,
estomper et fondre tout cela. Pas une dissonance, pas
un éclat et cependant rien de monotone; l'harmonie
la plus complète, la poésie la plus intime et la plus
pénétrante; la barque glisse sur l'eau et les rames
battent de l'aile avec la lenteur et la souveraine
majesté d'une procession de Fête-Dieu déroulant ses
théories de thuriféraires et ses pluies de fleurs à travers
les sentiers de la campagne. Elles apparaissent presque
angéliques, hors de l'habituelle crasse humaine, ces
jolies créatures, uniquement pour avoir été placées
dans le décor le plus simple et le plus surprenant
qui puisse exister, entre le ciel et l'eau, comme por-
tées par leur propre reflet, — et pour avoir été
envoilées de la plus subtile, de la plus caressante
atmosphère de rêve et de tendresse. La cadence des
lignes, la distinction des couleurs évoquent immédiatement l'harmonie des voïx et la berceuse complainte
italienne....

Et voilà pourquoi cette vision chorale, rose, lilas
et mauve, arrive à donner si bien l'impression de la
musique; c'est une œuvre pythagoricienne et wagnérienne au premier chef; le nombre et l'harmonie en
sont la loi, la raison d'être, la force et le charme;

et si l'instrumentation colorée n'est pas un mythe, jamais
coloris ne fut d'une plus savante orchestration.

Et encore une fois le répéter, puisque c'est l'impression première et définitive, il s'agit d'une vision, un
moment apparue dans le gris chaud du ciel et le gris
chaud de la mer non contrastés, mais au contraire
pour plus d'unité ambiante fondus l'un en l'autre sous
l'impalpable vapeur blonde; d'une vision fugace et rare,
multinuancée dans la joie et la clarté, furtivement
observée, magistralement rendue et indiquée avec
seulement la précision compatible à ce caractère
d'apparition qu'il fallait lui conserver. Il y a quelques
vingtaines d'années évidemment on n'eut pas appelé
cette grande œuvre conçue en style d'étude, de fraîche
et franche ébauche, un tableau; et peut-être même
aujourd'hui n'en est-ce pas un; mais je l'entends de
cette façon : un tableau est stable, il *saisit*, il fixe; cela
au contraire *rend*, et passe, et bien plus : chante! C'est
un rêve pleinement réalisé, un rêve étreint tendrement
comme par amour et qui s'est à cause de cela laissé
faire sans cesser d'être un rêve.

Par exemple il ne faut pas s'arrêter au pied de
la toile, nez dans le cadre inférieur; il faut ne voir
que l'ensemble — heureusement! — rien que l'ensemble,
subir l'impression. S'arrêter au détail n'est permis
qu'aux téméraires qui chercheront comme moi à
transposer cette impression d'un mode dans un autre
du pictural au littéraire; et pour cela il faut bien
alors se payer de mots précis et de détails déterminés
qui violentent un peu. Au public il faut que le chef-
d'œuvre d'Edmond de Pury soit d'abord et avant
tout une apparition; il faut que ce public, tout sous
le charme, n'aît le temps de rien analyser...

La cantilène et la barque *passent*; voilà tout.

———

U N soir à Chioggia nous causions de peinture décorative, à propos naturellement de M. Leo-Paul Robert, et je demandais à M. de Pury :

— « Mais si l'on vous livrait des panneaux d'une surface pareille à ceux du Musée de Neuchâtel à remplir, est-ce que, l'occasion faisant toujours le larron,... même de feu sacré, cela ne vous donnerait pas immédiatement un génie double de celui que vous vous sentez ; et ne pousserait-il pas des ailes deux fois plus vastes à vos idées, en un mot ne seriez-vous pas, vous aussi, *inspiré?* N'iriez-vous pas vous aussi baller dans le transcendentalisme et le sublime? Un monument à couvrir de peinture, c'est, pour un artiste de race, un tremplin d'où bondir jusque dans les étoiles...! Ne trouveriez-vous pas vous aussi des choses sublimes à inscrire sur des murailles pour la lecture des siècles? Voyons; vous auriez à faire, admettons, pour une idéale république de Venise, et toute liberté naturellement laissée à votre fantaisie, une *Venezia maris regina....* »

Avec une douce ironie que je crus d'abord un peu blagueuse, mais qui était profonde, le Maître répondit :

— « Oh! je mettrais bien trois barques... Trois

barques, peut-être avec quelques gamins nus... ou
bien des fillettes roses... »

Je me récriai ! Mais aussitôt je me souvins de
l'insigne et presque sacré tableau du Musée de Bâle
et de la grande *Cantilène* encore « inédite » ; je me
souvins, et alors seulement je compris. Et j'approuvai...

Car il y a dans toute l'œuvre d'Edmond de Pury,
et notamment dans ces deux maîtresses pages autant
d'idéal que dans n'importe quel essai, fût-il promé-
théen, d'étreindre le ciel, la terre et l'enfer, puisque
l'étreinte des âmes s'y trouve réalisée.

Or des âmes c'est précisément le suprême de ce
qu'il est possible ici-bas d'étreindre, de *réellement*
aimer, posséder, exprimer et reproduire ! C'est infiniment plus que des idées ! Des âmes c'est l'image de
Dieu, des idées ne sont que des émanations d'arché-
types, autrement dit d'anges, créés par Dieu. L'une
est l'image de Dieu — tout court, — l'autre l'image
de la créature... spirituelle, mais de la créature quand
même. Entre deux tableaux également parfaits, expri-
mant l'un par un portrait copié d'après nature une
âme qui a la foi, et l'autre cherchant à exprimer la
Foi par une allégorie *qui la matérialise selon le
moule d'un certain cerveau*, l'œuvre la plus parfaite
au point de vue de l'artiste sera la première. Voilà
pourquoi tels portraits de Dürer et de Holbein sont
plus haut dans l'histoire de l'art que toute une composition où s'agitent cinquante allégories brandissant
des emblèmes... Car ceux qui cherchent plus que
l'étreinte des âmes rendues translucides à travers les
corps par l'expression, l'attitude et le geste, quatre
vingt-dix-neuf fois sur cent font des efforts vains et
sombrent dans le galimatias, le ridicule ou le néant...
Il est vrai qu'ils ont à la défaillance des résultats
obtenus une très noble consolation : la folle subli-
mité de leur surhumain effort. Et il est encore vrai

86

que quelquefois le ciel qu'ils ont voulu forcer cède
et que, par l'entrebaillement des portes d'airain méta-
physique, quelques fois — deux ou trois en tout dans
l'histoire de l'art — le surnaturel jaillit et vient à la
rescousse; alors dix siècles de magnanime labeur
sont récompensés en un seul homme par la descente,
sur un privilégié de Dieu, d'un rayon, d'un très
faible rayon, — mais suffisant pour foudroyer l'huma-
nité d'admiration, — de la Pleine Lumière, de la
Totale Vérité.

En attendant, Edmond de Pury œuvre selon les
forces humaines, se repaît de la conquête des âmes,
et de leur expression. D'autres cherchent à escalader
le ciel, lui montre le reflet du ciel dans les créatures,
et rend sensible leur beauté morale.

Il rend justice aux chairs symboliques.

Monruz, Bucarest et Vienne 1891 et 1894

POST SCRIPTUM

I

A la Gazette de Lausanne

A Gazette de Lausanne publia sur l'Exposition lausannoise d'Edmond de Pury un article, je l'ai dit, d'un parti pris d'injustice flagrant, — chose d'autant plus anormale que la dite Gazette est le journal le plus parfaitement honnête et probe de la Suisse Romande. L'insertion de la lettre qui suit, répondant à l'article en question, ne m'en fut pas moins catégoriquement refusée. Il est un peu tard pour rappeler ce petit fait, mais il n'est jamais trop tard pour essayer de redresser un tort ou tout au moins une erreur. Et puis, dans la vie, on fait ce qu'on peut plus souvent que ce qu'on veut. Si la Gazette de Lausanne avait publié cette lettre en 1891, elle m'eût évité cette peine aujourd'hui.

Janvier 1891

Monsieur le Rédacteur,

Lecteur quotidien de la Gazette de Lausanne depuis mon enfance, j'avais coutume d'accepter ses

jugements, surtout en matière artistique, comme à
peu près infaillibles.

Aujourd'hui j'ai connaissance de votre article sur
l'Exposition de M. Edmond de Pury... En vérité
je crois rêver.

J'ai fait la course de Neuchâtel à Lausanne,
exprès pour avoir une idée d'ensemble du travail de
M. de Pury ces dernières années; car il s'agit là,
n'en déplaise à votre correspondant, non pas simplement de ce « qui peut constituer la besogne journalière d'un artiste », c'est-à-dire d'études et de pochades,
mais au contraire d'œuvres de longue haleine, dont
quelques-unes sont de grandes œuvres longuement
muries et méditées, exécutées il est vrai, avec une
verve qu'on n'a guère coutume de constater ailleurs
qu'en de simples caprices journaliers... Mais où a-t-on
jamais vu des études atteindre ce degré de perfection...
et parfois de profondeur.

Tout Lausanne connaît ces tableaux et connaît
l'article que la Gazette a publié... Je voudrais bien
savoir si un seul de vos lecteurs souscrirait à l'observation sur « le ciel qui pèse et maçonne le fond »
dans le *Dolce far niente*? Je ne sais si j'ai la berlue,
— en tous cas je ne suis pas le seul, — mais au contraire j'y vois, « de la fluidité, de l'espace et de
l'air » autant qu'on en peut souhaiter.

Si les *pêcheurs de coquillages* sont « d'exécution
paradoxale », il faudrait dire pourquoi? Les reflets
sur des loques colorées et des visages bronzés du
soleil levant ou couchant, sont-ce là des paradoxes?

Et ainsi de suite tout du long dans cet article
qui n'a pas le ton impartial et consciencieux cou-
tumier de la Gazette. Pourquoi la vendeuse de fleurs
« défaille-t-elle à tous points de vue »? Et ce « manié-
risme outré » et ailleurs « ce Midi qui veut ça » ..
j'en demeure interloqué; l'auteur de l'article est-il

92

de palette ainsi timorée, ou pour le blaguer ainsi
ignore-t-il réellement le Midi? Regnault et Fortuny
doivent alors lui sembler... quoi? Et Monet et Pis-
saro qui ne peignent pourtant pas le Midi eux?

Plus loin des « accessoires secs et précieux » (il
s'agit de nasses); je continue à ne pas comprendre
comment une nasse qu'on vient de sortir de l'eau,
peut être... à la fois sèche et précieuse.

Portrait de M. B. - L'auteur l'estime « en
parfait rapport avec l'apparence extérieure du modèle ».
— Ligne suivante : « les autres portraits sont de valeur
plus égale, sans défauts ni mérites très extraordinaires »...
Voilà une façon bien discrète, quoique contradictoire,
d'insinuer les mérites et les défauts extraordinaires
du premier portrait... à moins que cela ne veuille
insinuer les défauts du modèle.

Mais voyons, M. le Rédacteur, la Gazette de
Lausanne nous a accoutumés à autrement de franchise..!
On ne critique pas ou on critique, et si l'on critique
on dit quoi et pourquoi.

J'avoue encore ne pas sentir que le portrait de
Mme de P. ait « la froideur de toute œuvre de longue
haleine » —·(ce qui infirme, entre parenthèses, la « besogne
journalière » du début). Ce qu'il y a de mieux c'est que
cette froideur « dégage un charme absorbant ». Je ne
comprends toujours pas.

Enfin l'auteur de l'article omet surtout le morceau
essentiel, celui qui pour les gens du métier — puisque
l'art pour certains devient un métier — prêterait le
mieux à une discussion en règle des mérites du peintre :
le pécheur au torse nu couché au travers de sa barque,
bras plongés dans l'eau... Les artistes qui entraient
à l'atelier de M. de Pury ne voyaient que cela, cela
leur bouchait tout le reste... Comment votre correspondant a-t-il fait pour ne pas le voir?

Certes, Monsieur le Rédacteur, je respecte avec

vous la liberté de tous les goûts, de toutes les impressions et de toutes les opinions *sincères*. Et si je me permets de me plaindre à vous de cet article, encore une fois, ce n'est pas *parce qu'il critique*, mais *parce qu'il ne critique pas franchement...* Eh ! qu'on ne se gêne pas, Monsieur de Pury pas plus qu'un autre n'en mourra... ou plutôt, moins que tout autre.

Dernièrement M. Burnand exposait quelques toiles à Neuchâtel. Le critique de la Feuille d'Avis ayant en toute franchise risqué une petite remarque, beaucoup trop timorée à mon gré, tous les journaux neuchâtelois, y compris la Feuille d'Avis, ont accueilli une courtoise protestation des admirateurs de M. Burnand.

J'ai la certitude, M. le Rédacteur, que vous voudrez bien aussi accueillir ces quelques lignes. Je crois en outre qu'en les publiant la Gazette ferait plaisir à beaucoup de monde à Lausanne et en Suisse.

Veuillez, Monsieur le Rédacteur, me pardonner mon intervention et agréer mes salutations respectueuses.

W. RITTER

II

A la Suisse Libérale de Neuchâtel

AH ! s'il s'était agi de toute cette brochure, mais non !

Un très court fragment de l'étude qu'on vient de lire, a été accepté et publié par la Suisse Libérale, dont MM. Maret et Bonhôte étaient alors les principaux rédacteurs; je les imagine donc, au moins en partie, responsables de la petite vilenie dont je veux enchâsser ici le folichon résultat.

Je croyais n'avoir offensé personne par la célébration en une cinquantaine de lignes très insuffisantes, il est vrai, des mérites de M. de Pury; néanmoins un *anonyme*, — (c'est toujours le courage habituel de ces Messieurs de la Suisse Libérale; mon père l'a expérimenté combien de fois, lui qui à chaque attaque de ce valeureux journal n'a jamais trouvé que des moulins à vent auxquels s'en prendre), — se mit en tête d'essayer un éreintement de ma prose *à la place même où l'avant-veille elle avait paru.*

Cela ne manquait pas de drôlerie. Toutefois n'est-ce
pas une pure et simple saleté de recevoir de la copie,
qu'il fallait refuser si elle était mauvaise, pour la
faire ensuite ridiculiser par un anonyme. Mais la
refuser, allons donc ! Bien mieux ! Comme l'impression de mon pauvre diable d'article durait depuis
huit jours, — le temps d'élucubrer en secret le docu-
ment qu'on va lire, — je demandai à retirer ledit article.
Pour lors M. Maret se hâta très courtoisement de
de me rassurer, de s'excuser du retard... et de me
féliciter ! !

Eh bien ! j'en suis très fier de l'amusant factum
anonyme, qui avec la conviction d'être excessivement
spirituel et de me piquer au vif, manqua le but si
lourdement ; mais je tiens à ne pas le laisser se
perdre dans l'oubli et à le citer comme exemple
d'à-propos et de ce qu'on peut appeler le meilleur
esprit neuchâtelois, (il n'a pas besoin de signature),
— et surtout comme échantillon de l'honnêteté
professionnelle de la chevaleresque Suisse Libérale,
le journal de tout ce qui à Neuchâtel se croit de
bon ton, d'absolue probité, et s'imagine savoir vivre.

Voici sans aucuns commentaires, l'élégant persi-
flage de la Suisse Libérale :

Neuchâtel, 23 janvier 1891

J'ai lu, Monsieur le rédacteur, — et avec quel
ravissement — l'étonnant, l'inimitable article qu'a
inspiré à votre collaborateur, M. Rr., la contempla-
tion des tableaux exposés à Lausanne par M. de Pury.

Est-ce une plume, dont se sert M. Rr. pour
charmer ainsi ses lecteurs, est-ce un pinceau... est-
ce une flûte ? Ces trois instruments vraiment semblent
être à la portée de ses doigts habiles, et l'on ne sait,

à le lire, lequel de l'œil, de l'oreille ou de la pensée est le plus ému !

Telles étaient, Monsieur le rédacteur, mes réflexions en ployant le N° 15 de votre excellent journal *en lequel gît* l'article en question.., Un cliquetis de mots étranges et de couleurs éblouissantes, l'incandescence des choses et des idées, la nitidité des expressions, le wagnérianisme des intentions... provoquaient dans mon cerveau un bourdonnement délicieux, un entre-mêlement vague d'impressions musicales, picturaires et poétiques qui me transportèrent pendant quelques instants bénis en des régions supraterrestres!!! Mais, pardonnez, Monsieur le rédacteur, me voilà moi, chétif, pris en flagrant délit d'imitation de l'inimita-ble. Je n'ai certainement pas pris la plume pour vous donner à vous et à vos lecteurs un pastiche de l'article de M. R.; ce serait ridicule. Non, j'ai d'autres intentions, que le récit suivant va, j'espère, rendre claires à vos yeux.

Je possède un ami des plus excellents, horloger de son métier. Actif, intelligent, plein de bon sens, il dirige avec une prudente hardiesse un établissement industriel qu'il a fondé non loin de Neuchâtel et auquel son habileté a assuré une prospérité solide. Il est artiste à ses heures et porte surtout un vif intérêt à tout ce qui touche de près ou de loin à nos peintres neuchâtelois; il est un grand admirateur, entre autres, des toiles de M. de Pury, aussi m'empressai-je, après l'avoir savouré moi-même, d'aller lui faire part de l'article de M. Rr.

Je trouvai mon vieil ami plongé dans ses livres de comptes, mais aussitôt qu'il m'aperçut, il vint à ma rencontre le sourire aux lèvres. J'appris qu'il venait de terminer son inventaire, et devinai que le résultat favorable de l'année 1890 était pour une grande part dans l'accueil joyeux et avenant qu'il me

faisait. — Bravo, lui dis-je, je suis heureux de voir
que vos affaires continuent à prospérer. — Oui, cela
ne va pas trop mal, grâce au Ciel, mais il faut
avoir l'œil ouvert, la moindre négligence peut compromettre une position péniblement acquise. Il me
mit en quelques mots au courant des difficultés avec
lesquelles il avait à lutter, de ses craintes et de ses
espérances pour l'année 1891; puis, dès que je lui
eus fait connaître le but de ma visite : Allons, dit-il
de sa bonne voix de basse-taille, allons déboucher
une bouteille de petit blanc, allumer une bonne pipe,
et tu me liras ton article sur Pury. Ainsi fut fait.

Je commençai ma lecture du ton d'un maître de
de conférences, et soulignai consciencieusement de la
voix et du geste, les passages qui me paraissaient
particulièrement remarquables. Mon ami aussi se mit
à les souligner, mais d'une façon toute différente :
un coude sur la table, le fourneau de sa pipe dans
la main, il fit apparaître peu à peu sur sa figure
rasée et dans ses petits yeux gris, une telle expression
de malice et de gaieté contenue, que moi, qui ne
m'en aperçus qu'après avoir terminé ma lecture, j'en
demeurai tout interdit. Il vit mon ébahissement, et
cela le fit éclater :

« C'est unique, ce que tu viens de me lire là,
« et Pury doit être ravi ! Le ciel me pardonne, je
« crois que les Neuchâtelois perdent la tête ! Et tu
« prends cela au sérieux, toi; tu ne vois pas que
« c'est du pur pathos et qu'il n'est pas permis,
« quand on a la chance de disposer d'une langue
« comme celle de Pascal, de Voltaire et de Paul-Louis
« Courier, d'écrire de ce style-là ! »

Puis changeant tont à coup d'expression :

« Mais il n'y a pas seulement matière à rire ;
« il faut s'attrister et beaucoup, de l'état d'esprit
« dont une pareille littérature est le symptôme. Eh

« quoi ! voilà donc les résultats de cette atmosphère
« intellectuelle surchauffée dans laquelle on plonge
« comme à plaisir, la plupart de nos jeunes Neuchâ-
« telois ! c'est là, l'instrument qu'on leur a mis en
« main pour le combat de la vie ! c'est cela qu'ils
« veulent vendre pour avoir de quoi se mettre du
« pain sous la dent !... Oh ! je sais bien que l'homme
« ne vit pas seulement de pain, que l'intelligence a
« droit, elle aussi, à sa nourriture quotidienne ; mais,
« croit-on qu'il n'y a rien pour développer l'esprit et
« le cœur dans l'exercice de ces professions manuelles
« tant dédaignées par nos jeunes gens ? ne sait-on
« pas, au contraire, qu'elles offrent à leur besoin
« d'activité un champ plus varié peut-être que celui
« des lettres et de la musique, qu'elles ont, elles
« aussi, leurs triomphes, leurs succès d'autant plus
« beaux qu'il a fallu pour les obtenir déployer plus
« d'énergie, de sagacité, de connaissance des hommes
« et des choses ?

« Loin de moi la pensée de dénigrer certains
« domaines de l'activité humaine au profit des autres.
« Je suis de ceux qui aiment la vérité, le beau et
« l'utile sous quelque forme qu'ils se présentent. Ce
« que je demande qu'on rétablisse à Neuchâtel, c'est
« un certain équilibre qui me paraît près d'être rompu
« et qui doit exister entre les forces consacrées aux
« plaisirs et aux arts et celles consacrées au travail
« productif et rémunérateur ; car les premières ne sont
« qu'une occasion de dépenser ce qu'ont péniblement
« amassé les secondes, et nous ne vivons pas à une
« époque où le robinet de sortie de la richesse
« collective puisse débiter longtemps beaucoup plus
« que le robinet d'entrée. Or je crois qu'à Neuchâtel
« nous en sommes là malheureusement. Oui, voilà
« le danger ; comment l'éviter ? Précisément, en cher-
« chant à tourner les idées et les aspirations de notre

« jeunesse vers quelque chose de plus pratique, de
« moins nuageux que ces éternelles rengaines litté-
« raires, musicales et autres dont Neuchâtel est véri-
« tablement inondé. Quoi d'étonnant à ce que nos
« jeunes gens se forment une idée exagérée du rôle
« que doivent jouer dans la vie les lettres et les arts,
« lorsque nous-même, nous leur donnons l'exemple
« de la dissipation en courant d'une conférence à
« l'autre, d'un concert à une représentation théâtrale,
« lorsque nous n'avons pas assez de mains pour
« applaudir la moindre de leurs élucubrations d'étu-
« diant, lorsqu'enfin nos journaux sont pleins des
« éloges qu'on distribue à tort et à travers à tous les
« mendiants, petits et grands, de notoriété publique !...

« Et si tu penses que je charge le tableau, que
« j'exagère la funeste influence qu'ont sur un grand
« nombre de nos concitoyens, les débordements dont
« je parle, va un peu demander aux éditeurs de notre
« ville ce qu'ils reçoivent en une année de manus-
« crits destinés à l'impression : romans, nouvelles,
« poésies, etc... dont le nombre à lui seul est fléau !...
« Il n'y a que neuf Muses, femmes hautaines et
« raides comme des barres de fer, et ils sont quelque
« cent à vouloir tous les épouser... Il n'y a qu'un
« Pégase, et ils sont pendus par grappes à sa crinière,
« à sa queue... hélas, à ses ailes, prêts à se faire
« écraser sous les rudes sabots de cet animal rétif !...

« Ah, crois-moi, si nos concitoyens veulent
« absolument faire de l'équitation, qu'ils persuadent
« notre maire de faire venir bien vite les chevaux qui
« caracolent là-haut dans les Gorges de l'Areuse; ils y
« sont, dit-on, quelques milliers...; chaque petit Neu-
« châtelois aura le sien qu'il conduira à sa *guise* et
« qui au lieu de l'écraser, lui aidera à gagner son
« pain quotidien. Et s'ils veulent absolument faire la
« cour à quelqu'un, qu'ils la fassent aux petites Neu-

« châteloises dont le nombre disponible dépasse sensi-
« blement celui des Muses et qui sont d'un abord plus
« gracieux! Et alors, vive Dieu, notre vieille race,
« prête à s'éteindre, renaîtra plus nombreuse et plus
« vigoureuse que jamais! »

Ainsi parla le vieil horloger.... La vivacité de son
discours m'avait ahuri, et je restais là devant lui ne
sachant que répondre à tant d'attaques, dont plusieurs
me parurent injustes. Je le quittai, lui, tout vibrant
encore d'indignation...

Et maintenant, Monsieur le rédacteur, lequel de
M. Rr. ou du vieil horloger vous paraît avoir raison?
Voilà la question que je prends la liberté de vous poser.

Pour moi, après avoir bien réfléchi, je me range
du côté de M. Rr.; le *nitide* m'enchante et rien au
monde ne pourra me faire admettre qu'on puisse jamais
faire trop de littérature, de musique et d'art à Neuchâtel.

Recevez, Monsieur le rédacteur, avec mes remer-
ciements, l'assurance de ma considération distinguée.

X.

Quand il n'y a pas à comprendre ou que de
profonds moralistes vous parlent de la lune en plein
midi, on ne discute pas, on collectionne le morceau,
comme Flaubert les documents pour Bouvard et
Pecuchet, on opine du bonnet, on répond « oui
amen » à tout et l'on passe à d'autres occupations.

Ce que je fis dès le lendemain :

Monsieur le rédacteur,

Auriez-vous la bonté de m'envoyer, pour mes amis
et moi, cinq numéros de la *Suisse libérale* d'hier
lundi.

Je suis très content d'avoir provoqué l'article de

M. X., dont je partage toutes les opinions, d'autant plus que je n'ai jamais encombré aucun éditeur de manùscrits, et que je gagne ma vie honnêtement, à la sueur de ma plume, *hors du pays neuchâtelois.*

Si vous vouliez être tout à fait aimable, vous donneriez, Monsieur le rédacteur, à cette carte postale la publicité à laquelle elle aurait peut-être droit.

Veuillez agréer, Monsieur le rédacteur, pour vous et pour le vieil horloger, mes compliments choisis.

WILLIAM RITTER

www.ingramcontent.com/pod-product-compliance
Lightning Source LLC
LaVergne TN
LVHW051144190726
843642LV00003B/830